지금은 보이지 않아도

세움북스는 기독교 가치관으로 교회와 성도를 건강하게 세우는 바른 책을 만들어 갑니다.

크리스천 여성작가 시리즈 06
지금은 보이지 않아도
아파도 괜찮아, 다시 일어설 너에게

초판 1쇄 인쇄 2025년 6월 25일
초판 1쇄 발행 2025년 6월 30일

지은이 | 성수정
펴낸이 | 강인구

펴낸곳 | 세움북스
등 록 | 제2014-000144호
주 소 | 서울시 종로구 대학로 19 한국기독교회관 1010호
전 화 | 02-3144-3500
이메일 | holy-77@daum.net

그 림 | 햇살콩
디자인 | 참디자인

ISBN 979-11-93996-49-2 (03230)

* 이 책은 신저작권법에 의하여 국내에서 보호를 받는 저작물입니다.
  출판사의 협의 없는 무단 전재와 무단 복제를 엄격히 금합니다.
* 책값은 뒤표지에 있습니다.
* 잘못된 책은 교환하여 드립니다.

크리스천
여성작가
시리즈 06

지금은 보이지 않아도

글
성수정
/
그림
햇살콩

아파도 괜찮아, 다시 일어설 너에게

Prologue
프롤로그

교회 다니는 사람이라면 이미 잘 알고 있겠지만, 생명의 주권은 오직 하나님께 있다. 그래서 자기 생명을 함부로 다루는 건 하나님께서 허락하신 생명을 소중히 여기지 않는 것이기 때문에 죄라고 배웠다.

어릴 때 들은 말씀이지만, 덕분에 나는 아무리 괴로워도 하나님이 나에게 허락하신 날까지 참고 견뎌야 한다는 생각에 힘들 때마다 무릎을 꿇었다. 그 순간들이 쌓이고 쌓여 눈물로 이어지는 과정 중에 치유가 되고 내 안에 기적 같은 변화가 일어나면서 나누고 싶은 이야기가 하나둘씩 생기기 시작했다.

누군가에게 도움이 되거나 위로가 되기를 바라는 마음으로 나의 작은 이야기들을 하나씩 풀어 나가려고 한다.

Recommendations
추천사

저자는 딸을 임신하고 태교하며 출산하고 양육하는 과정을 통하여 하나님과 진솔한 대화를 하기 시작했습니다. 그의 모든 일상사가 글을 쓸 수 있는 소재가 되었습니다. 그리고 자기중심에서 하나님 중심으로 이동되자 동굴에 숨어 버렸던 마음이 밝은 빛을 향해 나오게 되었습니다. 이런 은혜를 통해 마음에 일어나는 미묘한 심정까지도 솔직하게 고백하는 작가를 하나님께서 기쁨에 겨워 안아 주셨습니다.

책을 읽으면서 자신에게 있었던 거식증, 폭식증, 우울증 같은 콤플렉스를 십자가 아래 내려놓고 자유함을 얻은 저자가 부럽기만 합니다. 저자의 장점은 솔직함입니다. 또한 일상의 작은 감정을 담담하게 풀어놓으면서 얻는 작은 감사가 마치 저녁 호수의 윤슬같이 반짝입니다. 그리고 매일 하늘에 물음표를 잔뜩 던졌던 신앙의 의문이 글의 소재가 되고,

연약함이 무릎을 꿇고 그분의 은혜를 끌어당기는 도구가 되었습니다. 저자는 자신의 실패를 통해 다른 문을 여신 하나님을 경험한 후, 내면 깊숙이 숨어 있던 도전 정신을 발견하고서 틀에 박혀 있지 않을 때 자신이 가장 빛남을 깨달았습니다.

하나님은 독자들이 하나의 문이 닫힐 때 다른 문을 여신다는 것을 깨닫기를 바라시며 "아파도 괜찮아", "포기하지 마"라고 위로를 전하십니다. 삶에 지친 당신에게, 길이 막히고 문이 닫혔다고 생각하는 당신에게 기쁨으로 이 책의 일독을 권합니다.

❖ **정성진** _ 거룩한빛광성교회 은퇴목사, 『아사교회생』 저자

글을 읽는 내내, 마음 한편이 아려옵니다. 자녀 된 입장에서 '나도 그랬는데!' 하며 함께 아픕니다. 또 부모의 입장에서 더 아픈 가슴을 부여잡고 눈물을 흘리게 합니다. "나도 너의 부모 역할이 처음인지라…." 그 미안함과 쓰린 마음으로 저 역시 세 아들의 아비인지라 용서를 구합니다. 하지만, 이 책은 분명히 해피엔딩입니다. 하나님의 아름다운 섭리 가운데 미움, 원망, 외로움은 '사랑'으로 꽃을 피웁니다.

이 시대의 많은 부모들은 자녀를 내 소유물로 여깁니다. 그

리고 내가 알고 있는 최고의 방법과 가치관으로 사랑의 간섭을 합니다. 하지만 그 사랑이 많은 자녀들에게는 사랑이 아닌 무거운 짐이 됩니다. 하지만, 부모 또한 최고의 것을 내 자녀에게 주기 위해 무거운 짐을 감당하며 살아 냅니다. 서로를 바라보며 사랑해야 할 텐데, 서로 다른 곳을 바라보며 사랑하고 있으니, 서로가 외롭습니다. 하지만 하나님의 사랑을 함께 바라볼 때, 우리는 그제야 서로가 진심을 다해 사랑하고 있음을 알며 감사를 전합니다.

사랑만 하고 살기도 부족한 우리에게, 더 길고 아픈 후회가 남지 않도록, 저자는 용서와 사랑의 어여쁨으로 우리에게 위로와 지혜를 전합니다. 세상에서 가장 가깝고도 먼 사이로 외로운 사랑을 하고 있는 자녀와 부모들에게 이 책을 기꺼이 추천합니다.

❖ **신평진** _ 풀향기교회 담임목사

저자의 글을 읽다 보면 마음에 선선한 바람이 부는 것 같습니다. 놀라울 만치 섬세하고 잔잔한 성령님이 이 글을 읽는 이들에게 위로의 숨결을 불어넣으십니다. 상처 하나, 흠집 하나 없이 고이 빚어진 삶이라면 좋으련만, 애써 봐야 우리는 겨우 우리인지라 그림자와 함께 살아갑니다. 그녀만의 고유한 경험과 생애이지만, 어딘가 포개어 겹친 우리의 그

늘 어린 마음 한편을 떠올리게 합니다.

이 책은 '성수정'이라는 한 사람의 성장과 함께, 그녀의 그늘졌던 영혼의 한 부분이 어떻게 하나님이라는 빛으로 단련되어 가는지를 내보입니다. 그리고 이내, 용기가 됩니다. 이 책을 읽고 나면, 저자처럼 상처 속에서도 반짝이는 우리의 삶을 붙들고, 계속 포기하지 않고서 기도하고 싶어질 것입니다.

❖ **김애니** _ 사회공헌재단 교직원

우리는 결국 해 냅니다. 지금 당장은 아니더라도 흐르는 시간 속에 그 문제들을 해결하려고 노력한 내가 있습니다. 그리고 그 노력들이 빛을 발하는 순간이 온다는 희망도 얻습니다. 각자가 겪는 힘듦은 다르지만, 저자의 크고 작은 에피소드들이 우리를 위로해 줍니다. 그리고 신앙이 더해지면 큰 힘과 기적 같은 일들이 일어날 수 있다는 걸 증명해 줍니다.

❖ **신현주** _ 통번역사

Contents
차례

프롤로그 · 5
추천사 · 6

Part 1. 나의 광야

01 너는 왜 이렇게 특이하니 · 17
02 K-장녀 그리스도인 · 23
03 받기 힘든 전화 · 28
04 거울에 비친 내 모습 · 35
05 천국에 대한 생각 · 41
06 기다림의 시간 · 46
07 에어컨 청소 · 52

Part 2. 꽃이 피는 시간

08 기적의 기지떡 사건 · 59
09 마법의 나눗셈 · 66
10 코로나 팬데믹 덕분에 · 71
11 저 원래 이런 사람 아니에요 · 75
12 이렇게 끌리는 사람이 있다니 · 79
13 친정엄마 · 84

Part 3. 이렇게 사는 맛

14 무계획 · 93
15 우리 참 잘 만났어 · 96
16 소중한 순 모임 식구들 · 100
17 인사이드아웃 2 · 104
18 남동생 하나 잘 뒀어 · 111
19 꿀잠 자게 된 이유 · 115
20 싱가포르 여행 · 120
21 이너 뷰티는 포기 못해 · 127
22 맙소사, 중고 거래! · 131
23 마르쉐 시장 · 136

Part 4. 산골 고개 사는 꾸꾸네

24 꾸꾸에게 · 143
25 산골 고개의 아침 · 146
26 다 갖지 못해도 살 만한 이유 · 152
27 햇살이 잘 들어오는 집 · 156
28 태어나길 잘했어 · 160
29 빨래를 하는 만큼 · 164
30 뭐든 잘될 거야 · 167
31 네가 사랑스러운 20가지 이유 · 171

Part 5. 지금은 보이지 않아도

    32 오늘도 살아가는 이유 · 177
    33 아파도 괜찮아 · 180
    34 포기하지 말자 · 183
    35 12월 27일 · 189
    36 Jesus loves me this I know · 194
    37 수육 한 접시 · 197
    38 꾸꾸의 100일 · 202

에필로그 · 206

Part 1.

나의 광야

01
너는 왜 이렇게 특이하니

"너는 왜 이렇게 특이하니?" 자라면서 가장 많이 들었던 말이자 제일 듣기 싫은 말이었다. 학창 시절, 나는 취향도 패션도 생각도 특이한 편이었다. 부모님은 그런 나를 걱정하시면서도 도무지 이해가 안 되어 버거웠다고 하셨다. 자주 회자되는 대표적인 에피소드가 있다.

어느 추운 겨울날 동네 감자탕집에서 가족끼리 외식하는 날이었다. 나는 한창 멋에 심취한 중학생이었고, 당시 국제 학교를 다니고 있어서 나름 꾸미는 게 자유로운 편이었다. 그 바람에 부모님은 교복 입은 또래 친구들과 달라도 너무 다른 내 모습에 자주 인상을 찌푸리곤 하셨다. 방과 후 활동을 마치고 아빠에게서 식당으로 바로 오라는 연락을 받고, 맛있는 밥을 먹을 생각에 신나서 식당으로 향했다. 당차게 식당 문을 열고 들어선 내 모습을 본 아빠는 들고 계시던 숟가락을 공중에 그대로 멈추셨다.

그해 코르덴(골덴) 소재로 된 승마바지 스타일이 유행했는데(아직도 디자인이 생생하게 기억난다), 나는 그 위에 하얀 목티와 갈색 조끼를 입고, 머리를 티나 터너(Tina Turner)처럼 잔뜩 볶은 채 나타났다. 그 모습이 너무 과하다고 생각하신 아빠는 이 광경을 어떻게 해석해야 할지 몰라 얼굴이 딱딱하게 굳으셨다. 나 역시 아빠 표정을 보고서 '뭔가 잘못됐구나' 하는 생각에 소심하게 자리에 앉았다. 분위기가 심상치 않아 내 눈앞에 보글보글 맛있게 끓고 있던 감자탕을 먹어야 하나 말아야 하나 고민하며 침만 꼴깍 삼키고 있었다. 엄마 역시 아빠 눈치를 살피며 조용히 계셨다.

엄마는 "학생이 옷이 그게 뭐니! 이런 건 어디서 사는 거야 도대체! 너무 특이해 너는!"이라고 하시며 아빠를 대신해서 나를 나무라셨다.

엄마 말씀이 틀리진 않았다. 대전에 있는 작은 연구단지 동네에 나처럼 옷 입은 사람은 아무도 없었다. 옷도 옷이지만, 잔뜩 볶은 머리와의 조합이 기똥차게 튀었을 것이다. 결국 온 가족은 침묵 속에서 남은 식사를 어찌저찌 마쳤다. 엄마 아빠는 말씀을 한마디도 안 하신 채 집으로 향하셨고, 나는 그 뒤를 쭈뼛쭈뼛 따라갔다. 집에 도착하고 나서야 아빠는 못 볼 꼴이라며 다시는 그런 옷은 입지 말라고 한참 화를 내셨다. 당시 패션을 통해 내 감성을 한껏 표현하고 싶었던 나는 그렇게 한 방에 기가 눌렸다.

그렇게 학창 시절부터 나를 괴롭히던 "너는 왜 이렇게 특이하니?"라는 말은 성인이 되고 나서까지 나를 괴롭혔다. 별나면 안 된다는 말에 나다운 것을 억누르다 보니 자존감이 낮아졌고, 소심한 성격 때문에 대인관계도 원만하지 않았다. 하지만 많은 경우, 나는 자존감이 낮아 보이고 싶지 않았다. 그래서 가면을 썼다. 결국 내가 아닌 나로 살아가면서 내 본 모습은 점점 희미해져 갔고, 나는 깊은 우울감에 빠져들었다.

성인이 되어 심리 치료를 받는 가운데 담당 선생님께서 내 얘기를 들으시고는, 사람은 본인의 본모습에서 멀어질수록 우울감이 강해진다고 하셨다. 낮아진 자존감으로 인해 나답지 못하게 살아온 시간이 꽤 길었는데, 그래서 우울감이 커진 걸까 싶었다. 문득 내 학창 시절이 떠올라 안타까웠다. 하지만 이 현상이 다만 내가 이상한 사람이어서 그런 게 아니라 심리학적으로도 밝혀진 사실이라는 거에 이상하게 위로를 받았다. 그 후, 나는 내 본모습을 찾기 위해 상담사의 추천에 따라 여러 활동을 시도해 보고, 책을 찾아보며, 상담을 받아 봤다. 하지만 모두 그때 뿐, 결국 우울감이 더 크게 돌아왔고 앞으로 어떻게 나아가야 할지 몰라 점점 숨이 막혀 왔다. 역시 나는 구제불능인가 싶었다.

그렇게 내 정체성에 관한 물음표만 계속 커지던 중, 헤매고 있는 나를 보신 주님은 또 한번 주일 말씀을 통해 해답을 알려 주셨다. 우리는 우리를 지으신 하나님께 가까이 갈수록 우리의 본모습을 찾을 수 있다는 말씀이었다. 우리의 죄를 위해 하나뿐인 아들을 보내신 주님의 사랑을 깨닫는 순간, 우리 삶의 목적이 분명해지기 때문이다. 뻔한 말씀일 수도 있었지만, 그날따라 커다란 뿅망치로 머리를 한 대 세게 맞은 것 같았다. 복음의 가장 근본적인 진리를 놓치고 있었던 것이다.

그날 이후로 나는 매일 하나님께 가까이 가려고 발버둥을 쳤다. 하나님께서 원하시는 내 모습에 대해 생각해 보고, 나를 이 세상에 보내신 이유에 대해서도 하나님께 질문하기 시작했다. 처음에는 어렵게만 느껴졌던 말씀이 조금씩 이해되기 시작했다. 점점 하나님과 보내는 시간이 많아지면서 찬양이 전해 주는 평안함을 누리기 시작했다. 물론 기도가 잘되는 날도 있었고 잘되지 않는 날도 있었지만, 적어도 점점 나아져 가고 있다는 사실은 분명했다. 그런 날들이 하나둘씩 쌓여 점점 빛으로 나아가는 나를 발견하게 되었다. 그리고 빛으로 나아간 내 모습이 가장 찬란하고 편안한 모습이라는 걸 깨달았다.

나는 어떤 모습이든 특별하고 이로운 존재다. 하나님께서 나를 특별하고 이롭게 만드셨기 때문이다.

02
K-장녀 그리스도인

나는 K-장녀답게 장녀로서 느끼는 책임감 때문에 내 감정을 억지로 누르는 달란트가 있다. 슬프거나 힘든 감정을 솔직하게 드러내는 연습이 부족해서 성인이 되어 큰 혼란을 겪었고 마음의 짐을 인정하기까지 너무도 긴 시간이 걸렸다. 물론 지금도 완벽하게 내려놓지는 못했기에, 무너졌다가 말씀 붙잡고 겨우 일어나는 하루하루를 살고 있다.

요즘 SNS에서 쉽게 접할 수 있는 K-장녀에 관한 포스팅을 볼 때마다 나도 모르게 '좋아요'를 꾹 누른다. 나의 고충을 유머러스하게 표현한 걸 보면 나름 위로가 되는 건지 속이 가벼워지기도 한다. 그 밑에 달리는 천재적인 댓글들을 보는 재미도 쏠쏠해서 우울한 마음으로 보기 시작했다가 웃으면서 닫을 때도 있다. 다들 어디서 이렇게 뛰어난 교육을 받으셨는지, 우리나라 인재들은 모두 댓글 창에 모여 있는 게 아닌가 싶다.

지금은 이렇게 웃으며 말할 수 있지만, 그 당시 나는 일상생활을 하기 힘들 정도로 망가져 있었다. 너무 오랜 시간 내 감정을 꼭꼭 숨기면서 힘듦을 마음에 쌓아두다 보니 마음에 병이 찾아온 것이다.

여러 의사들을 찾아가 다양한 치료를 받아 봤지만 별로 나아지지 않았다. 한방 치료, 심리상담소, 신경과 그리고 정신건강의학과까지 안 가 본 병원이 없었다. 성경도 보고 기도도 나름 열심히 하면서 답을 찾아봤다. 하지만 솔직한 감정을 드러내지 못하는 성향이 기도할 때도 나오다 보니, 사실 하나님께 어떻게 도와달라고 해야 할지도 몰랐다. 우울감은 갈수록 짙어졌고 내 안의 나는 점점 흐려졌다. 이러다 내가 사라져 버려도 괜찮겠다는 생각을 수도 없이 했다. 당시에 집에서는 전혀 티를 내지 않았기에, 부모님은 내가 이런 시간들을 보내고 있는지 전혀 눈치채지 못하셨다.

나는 K-장녀이기 이전에 하나님의 딸임에도 불구하고 K-장녀의 타이틀이 훨씬 크고 강력하게 느껴졌다. 그 역할을 해 내야 한다는 강박이 너무나도 강했다. 말하지 않아도 내 속을 아시는 하나님께서 늘 나를 지켜보고 계신다는 사실을 믿긴 했지만, 마음이 딱딱하게 굳어 있었기 때문에 성령님의 위로가 스며들 틈이 없었다. 힘들어도 내 역할을 해 내야만 한다는 생각에, 꾸역꾸역 말씀으로 K-장녀 그리도인답게 마음의 병을 이겨 내 보려고 안간힘을 썼다.

그러다가 말씀을 깊게 묵상하려고 노력한 지 1년이 지나면서 신기한 일이 생겼다. 처음에는 그저 강박으로 말씀을 보았는데, 점차 습관이 되고 루틴이 되면서 눈으로만 읽는 것이 아니라 마음에 와닿기 시작했다. 그저 쑤셔 넣던 말씀들이 살아 숨쉬는 말씀으로 움직이는 것을 느끼기 시작했다. 본문에 살포시 밑줄도 긋고, 기억하고 싶은 부분을 메모장에 간단하게 남기기도 했다. 그러면서 점차 이런저런 일들로 내 마음속에 박힌 화살들이 하나둘씩 사라지는 것을 느꼈다.

특별히, 내 안에 변화가 실제로 일어나고 있다는 걸 깨닫게 해 준 순간이 있었다. 손편지를 자주 쓰는 편이라 여느 해와 같이 부모님께 새해 맞이 편지를 쓰고 있었는데, 뭔가 느낌이 달랐다. 한 자 한 자 써 내려가면서 눈물이 차올랐다. 예전처럼 억울함과 분노를 못 이겨 생기는 눈물이 아니라 사랑과 용서가 느껴지는 눈물이었다.

오랫동안 나는 몸에 힘이 잔뜩 들어간 채, '부모님을 용서해야지, 이해해야지' 하며 억지로 노력해 왔었다. 그런데 몸에 힘이 빠지고 나니 비로소 진짜 용서가 되었다. 결단의 용서뿐만 아니라 정서의 용서도 되기 시작했다. 이 악물고 내 힘으로 어떻게든 해 보려고 하다가 그렇게 된 것이 아니라, 그저 말씀의 은혜로 되어지는 것을 경험했다. K-장녀이기 이전에 하나님의 딸로서 누리기 시작한 하나님의 사랑으로 드디어 내 마음이 치유되기 시작했다. 상처가 금세 다 아물지는 않겠지만, 적어도 회복의 길로 들어선 것 같아 감사하다.

03
받기 힘든 전화

오후에 엄마에게서 전화가 왔다. 통화하는 동안 목덜미부터 얼굴이 서서히 화끈거리는 게 느껴졌다.

'내가 아직도… 엄마를 불편해하는구나.'

사실 엄마는 내가 엄마의 전화를 불편해하는지 전혀 모르신다. 내가 엄마에게 나의 솔직한 얘기를 한 적도 없지만, 내 마음에 관해 얘기할 틈이 없을 만큼 엄마는 주로 엄마 이야기만 하셨던 분이었기 때문이다. 엄마는 나와 다르게 스트레스를 말로 푸는 성격이다. 그렇다 보니 우리의 통화는 보통 엄마가 주로 이야기하시고 나는 듣고서 반응을 조금 하는 편인데, 그러다 엄마는 이야깃거리가 떨어지면 급하게 전화를 마무리하셨다. 그럴 때면 참 당황스러웠다. 그렇다고 엄마가 싫은 건 아니다. 그런 감정과는 조금 다른 어려움을 느낀다. 이게 뭘까 한참을 고민해 봤는데, '저릿하다'라는 표현이 가장 적합할 것 같다. 견디지 못할 정도로 아프진 않지만 신경이 쓰이는 옅은 통증 같다고 해야 할까? 어쩌면 엄마를 향해 남아 있는 원망에서 비롯된 불편함이 아닐까 싶다.

어릴 때부터 나는 엄마의 이야기를 들어 주는 존재였다. 물론 내가 엄마보다 말수가 적기도 하지만, 많은 경우에 일방적으로 엄마의 모든 감정과 이야기를 받아 줘야 했다. 심지어 대학교 시험 기간에 엄마 얘기를 들어 주느라 밤늦게까지 밀린 공부를 더 해야 했던 날도 있었다.

때로는 이야기의 주제가 너무 버거웠다. 마치 내가 감

정 쓰레기통인 것처럼 숨이 막힐 정도로 듣기 싫은 때도 있었다. 하지만 엄마도 본인 상황 때문에 내 마음을 얘기할 수 있는 기회를 주지 못하셨다. 엄마도 얼마나 답답하고 얘기할 곳이 없었으면 나한테 털어놨겠는가. 무엇보다 그 당시 엄마는 엄마 편이 필요했다. 그때마다 나도 힘든데 엄마를 위해 참았던 감정들이 내 속에 하나둘씩 쌓여 가고 있었다는 걸 상담 치료를 받는 중에 알게 되었다. 결혼 후, 남편이 내가 엄마 전화를 꾸역꾸역 받는 걸 보고서 그렇게 힘들면 말씀을 드리라는 얘기를 해 주었는데, 그제야 내 정신 건강을 위해서 방법을 찾아야겠다는 결심을 했다.

처음에는 바쁘다는 핑계로 전화를 덜 받기 시작했다. 그런데 오히려 '맏딸이 이래도 되나' 하는 죄책감이 들었다. 또 마음 한편으로는 '내가 살짝 거리 두려고 하는 의도를 알아서 눈치채시겠지' 하는 작은 기대감도 있었다. 하지만 엄마는 오히려 서운해했다. 이 지긋지긋한 맏딸의 타이틀이 나를 졸졸 따라다니는 바람에, 정말이지 지구를 폭발시켜 버리고 싶은 심정이었다. 그렇게 삐그덕 거리는 시간이 얼마나 지났을까, 드디어 번아웃이 찾아왔다.

모녀 사이에 번아웃이라니…. 하지만 그건 분명 번아웃이었다. 결국 건강까지 나빠져 엄마와 잠시 거리를 두게 되었고, 회복하는 동안 아무 연락 없이 지내기로 했다. 그 시간에 엄마도 엄마의 시간을 가졌으면 하는 바람도 있었다. 엄마가 변하기를 원해서가 아니라, 내가 필요한 시간과 공간 속에서 조용히 쉬고 싶은 마음이 절실했다. 그렇게 3개월이 지나갔고, 건강이 조금씩 회복되는 과정에서 연락을 드려 다시 소통을 하게 되었다. 사실 나에게 3개월이라는 시간은 결코 긴 시간이 아니었고, 솔직히 그보다 훨씬 더 긴 시간이 필요했다. 하지만 당시 상황이 상황인지라 연락을 해야만 했다. 가족 안에서 내 역할도 있고 중간 다리 역할을 해 주는 남편에게도 미안했기 때문이다.

그래도 3개월 사이에 많은 일들이 일어났다. 내가 가장 크게 깨달은 건 사람이 사람을 변화시킬 수 없다는 것이었다. 물론 엄청난 노력으로 잠시 나아질 수는 있겠지만, 결국 하나님만이 다스릴 수 있는 부분이 아닐까 싶다. 처음에는 본능적으로 살기 위해 무너진 내면이 단단해져야 할 것 같다는 생각이 들어서 도움될 만한 책부터 찾기 시작했다. 하지만 세상의 조언은 늘 비슷했고 내 갈증을 전혀 해소시켜 주지 못했다. 그러던 어느 주일, 주님께서 목사님의 말씀을 통해 교회 공동체에 들어가라는 마음을 주셔서 순모임을 신청하게 되었고, 자연스럽게 순원들과 함께하면서 말씀과 기도로 보내는 시간이 늘어났다. 상황이 어떻든, 변하지 않는 하나님의 말씀과 공동체 속에서 내가 얘기할 수 있게 기다려 주는 사람들로 내 공간을 더 채우다 보니, 마음에 담아 둬야 하는 말과 흘려보내야 할 말들이 구별되기 시작했다. 내 감정에 대해 더 정직해지고 느끼는 그대로 나를 인정하는 법도 알게 되었다. 그렇게 마음의 여유가 아주 조금씩 생기면서 하나님이 왜 나를 엄마의 딸로 보내 주셨는지 깨닫게 해 주시는 순간들도 있었다.

홀로 보낸 시간 덕분에 엄마의 전화가 아직 완전히 자연스럽지는 않지만, 예전만큼 두렵지는 않게 되었다. 오히려 엄마를 향해 긍휼한 마음이 생겨났고, 애쓸수록 고갈되는 내 힘이 아닌 주님이 무한히 주시는 힘으로 일어나 엄마를 바라보게 되어 가는 중이다.

나한테 필요한 말만 걸러서 듣고, 나머지는 바람 따라 흩어지도록 놔 주며 말씀으로 마음을 채워 나가는 게 앞으로의 삶을 더욱 건강하게 살아가기 위한 방법인 것 같다. 내 감정을 알아차리고 받아들이는 것이 자연스럽게 되는 그날까지 불필요한 생각은 주님께 맡기고 내려놓는 연습을 꾸준히 하려고 한다. 그리고 누군가와 거리를 두는 게 결코 쉬운 건 아니지만, 누구든지 자기만의 시간이 필요하다면 기도하는 시간이라 여기고 인생의 장기전을 위해 반드시 적극적으로 그 시간을 가져 보았으면 좋겠다.

04
거울에 비친 내 모습

나는 중고등학생 때 거울 들여다보는 게 제일 싫었다. 그런데 집에만 오면 그렇게 거울을 들여다보았다. 화장실에 문 닫고 들어가 거울에 비친 내 얼굴만 30분 넘게 가만히 쳐다본 적도 있었다. 마음에 안 드는 눈 코 입을 분석하면서 또래 친구들과 비교하고, 내 자신에게 몹쓸 말들만 늘어놓았다.

중학교 때는 거식증, 고등학교 때는 폭식증을 거쳐 가며 내 외모에 대한 자신감은 바닥을 쳤다. 엄마는 살쪄 가는 내 모습을 보고서 그만 좀 먹으라고 밥량을 줄여 주기도 하셨는데, 그게 얼마나 상처가 되었던지

방에 간식을 몰래 숨겨 놓고 먹는 버릇도 생겼다. 침대 밑이나 서랍 깊은 곳에 뒀다가 저녁에 몰래 꺼내 먹기도 했다. 살이 빠지지 않는 걸 보고 엄마는 내가 밖에서 뭘 사 먹고 들어오는 거 아니냐고 의심하기도 하셨지만, 나는 아닌 척했다.

예쁘다는 말을 가장 듣고 싶어 할 나이에 예쁘다는 말을 한 번도 듣지 못했던 것 같다. 친구를 만나도 친구의 고민이나 이야기보다 친구가 나를 어떻게 보는지가 더 중요했다. 그러다 보니 그날 내 상태가 좀 별로이거나 딱히 만날 이유가 없다고 생각하면 약속을 깨버리기도 하고 거짓말을 하기도 했다. 이해해 주는 친구들도 있었지만, 나를 떠나는 친구들도 있었다. 내가 그들을 존중해 주지 않았기에 그들도 나를 좋아할 리가 없었다.

그때부터 자기 관리에 집착이 생겨 운동도 미친 듯이 하고 밥도 건강식으로 먹기 시작했다. 밥을 먹는 시간이나 음식의 종류에 대해서 예민해지기 시작했고, 조금이라도 살이 찌는 재료가 들어가면 손도 대지 않았다. 그러다 보니 살이 빠지기 시작했다. 당시 유행했던 패션 잡지도 모두 챙겨 보고 미용에 관련된 콘텐츠 역시 한 개도 빠짐없이 습득하려고 했다. 어떤 날은 준비하고 나가는데 3시간이 걸리기도 했고, 어김없이 매일 거울 앞에서 내 모습을 수백 번 들여다봐야지만 만족하고 집을 나섰다.

그런데 아무리 나한테 집중하고 외모를 가꾸는 데 시간을 쏟아도 근본적 문제가 해결되지는 않았다. 아무리 꾸며도 늘 마음에 들지 않는 부분이 있었고, 외모로 부족한 부분을 채우기 위해, 스펙으로 자랑거리를 만들어 내기 위해 열심히 자기 계발을 했지만 만족스럽지 않았다.

요즘 많은 이미지 메이킹 컨설팅 회사들이나 자기 계발 유튜버들이 하는 말들을 보면, 보통 철저한 자기 관리가 가장 중요하고 자기의식이 분명해야 한다고 한다. 그런데 이상하게 나는 오히려 자기 계발에 시간과 노력을 들일수록 불행해졌다. 앞으로 나아갈 방향을 잃어버린 것 같아 이게 뭘까 싶었는데, 기가 막히게 그 주의 주일 말씀을 통해 내 물음표를 한방에 해결해 주셨다 (역시 주님은 황금 타이밍!).

목사님은 자기 눈을 통해 자신을 바라보면 끊임없이 문제투성이로만 보이지만, 하나님 눈에 비춰진 내 모습을 보면 내가 얼마나 영광스러운 존재인지 보인다고 말씀하셨다. 그런데 하나님 눈에 비친 내 모습을 보기 위해서는 나도 하나님을 바라보아야 한다고 강조하셨다.

결국 내 시선을 나의 창조주이신 하나님께 옮겨야 나를 진정으로 사랑할 수 있게 된다는 말이다.

말씀이 끝난 후 기도하는 동안 깨닫게 해주신 건 하나

님 눈을 통해 바라본 나는 눈이 아주 부시도록 아름답다는 것이었다. 그리고 가장 놀라웠던 건, 그날 이후로 내가 예뻐 보이기 시작했다는 것이다. 그리스도인으로서 외모에 대한 확신과 당당함을 되찾은 것 같아 마치 다시 태어난 기분이었다.

매 순간 거울을 통해 확인하지 않아도 나 자신이 소중한 걸 깨닫고 나니 비로소 내가 등한시했던 주변이 보이기 시작했다. 눈을 뜨고 잘 살펴보니 내 주변에 내가 사랑해야 할 사람들이 너무 많았다. 물론 매일 타인을 위해 살아가는 삶을 살아가기에는 나는 한참 부족하고도 멀었다. 여전히 외모에 집착하는 날도 많고, 마음에 들지 않아 툴툴거린다. 하지만 적어도 예전처럼 그 순간에 무너지지 않고, 주님이 주시는 생각들이 아니라는 걸 빨리 깨닫고 헤쳐 나오기 위해 발버둥 치는 나를 발견한다. 그리고 매일 이렇게 기도한다.

"주님, 저를 끌어내리려는 거짓된 생각들을 모두 아

주 멀리 던져 주세요! 주님이 정교하게 계획하시고 예비해 두신 저의 인생을 살아가는 데 집중하게 해 주세요. 무엇보다 주님이 값 없이 주신 사랑을 제가 진정으로 누릴 수 있도록 도와주세요. 예수님의 이름으로 기도했습니다. 아멘."

05
천국에 대한 생각

천국에 빨리 가고 싶다. 조금 이기적으로 들릴 수도 있겠지만, 당장 오늘 갈 수 있다면 다 내려놓고 가고 싶다. 물론 천국의 문이 매우 좁다는 것도 잘 알고 있다. 들어갈 수 있다는 확신이 넘쳐 나서 가고 싶은 게 아니라 천국을 갈망하는 마음이 큰 것 같다. 이렇게 하루에도 수십 번씩 천국에 대해 생각하게 된 계기가 있다.

나에게는 사도 바울처럼 몸에 가시가 있다. 이 가시를 어떻게든 치료하기 위해 서울에 있는 모든 병원을 찾아 다녔었다. 한방에서는 허열 또는 화병이라 불리고,

양약에서는 자율신경실조증이라고 불린다. 정확한 증상을 말하자면, 상체에 용암처럼 뜨거운 열이 끓어올라 열꽃이 피고 숨쉬기도 힘들지만 막상 체온을 재 보면 정상 체온이다. 동시에 발은 얼음장처럼 차갑고 배 안에는 딱딱하게 굳어 있는 무언가가 있는 느낌이다. 자다가 열감 때문에 여러 번 깨기도 한다. 모든 신체 균형이 무너질 정도로 심한 날에는 갑자기 공황 장애가 찾아오기도 하고, 잘 있다가 뜬금없이 폐소 공포증을 느끼기도 한다.

처음에는 몸이 허해서 또는 피곤해서 그런 줄 알았지만, 2년 정도 지속되니 뭔가 심상치 않다는 생각이 들었다. 이걸 깨달을 때까지 2년이나 걸렸다는 사실이 충격적이겠지만, 나는 웬만한 통증을 미련할 정도로 참는 성격이라 병원에 가기까지 오래 걸린 것 같다.

한약도 먹어 보고, 침 치료도 받아 보고, 식단도 철저하게 바꾸고, 상담 치료도 받았지만, 딱히 나아지지 않았다. 무슨 병이라도 걸렸나 싶어 걱정스러운 마음에 건강 검진을 여러 병원에서 해 보았다. 그때마다 신체는 매우 건강하다는 결과가 나와 어처구니가 없었다. '그렇다면 내가 정신이 이상한 거구나' 싶어서 정신건강의학과도 찾아갔다. 항우울제를 복용하며 의사 선생님의 상담을 받았지만, 효과는 그때뿐이었고 돌아서는 순간 여전히 날개가 부러진 새처럼 쓰러진 채 겨우 파닥거렸다. 그래서 이런 기도까지 하며 미치도록 느리게 지나가는 하루를 원망했다.

> "하나님, 차라리 저를 데려가 주세요! 이렇게 치료제도 없이 지속되는 통증을 주실 거면 제가 뭐하러 살아 있나요? 이렇게 평생 살게 하시는 건 너무 잔혹한 거 아닌가요? 도대체 제가 무슨 잘못을 한 건가요?"

천국은 이런 통증도, 괴로움도 없는 곳이고 이 세상에 대한 미련은 조금도 없으니 "내일 눈뜨지 않게 해 주세요"라고 수십 번 기도했다. 하지만 다음 날 나는 매일 눈을 떴고, 허열과의 전쟁이 시작되었다. 그렇게 나는 나의 이름 모를 통증으로 인해 천국을 묵상하기 시작했다.

그러던 중에 주일날 목사님께서 "천국은 하나님 나라이지만, 하나님은 우리가 이 땅에서도 천국을 누릴 수 있게 하셨습니다"라고 하시는 말씀을 듣고서 갑자기 정신이 번쩍 들었다. 내가 이 땅에서 허락된 시간에 하나님께서 만들어 주신 천국을 누리지 못했던 건 그동안 내가 나를 위해 천국에 가고 싶었기 때문이지 하나님을 위해 가고 싶었던 게 아니였다는 걸 깨달았다. 처음에는 그저 고통에서 벗어나기 위해 떠올렸던 곳이었는데, 말씀을 통해 그동안 내가 천국을 대하는 자세가 어떠했는지를 되돌아보게 하셨다.

물론 나는 아직 나약한 인간이라 여전히 열이 오를 때면 당장 천국에 가고 싶다는 생각부터 든다. 하지만 요즘은 거기서 멈추는 게 아니라 '그럼에도 불구하고 나를 통해 아직 하실 일이 남았구나', '그럼 그게 어떤 건지 눈을 크게 뜨고 귀를 크게 열고 받을 준비를 해야겠구나' 하며 다시 일어나는 나를 발견한다.

나는 천국이 너무 가고 싶다. 하지만 내가 아직 이 땅에 남아있는 이유가 있다고 믿는다. 그때까지 하루하루 은혜로 버티며 살아가련다.

06
기다림의 시간

아이를 가질 계획은 늘 있었다. 다만 언제 갖는 것이 좋을지가 최대 고민이었다. 아이를 잘 키우려면 그에 맞는 환경이 필요하다고 생각했기 때문이다.

그런데 그 시기는 우리 부부의 커리어가 조금 더 발전되었을 때, 나의 심리 상태가 조금 더 온전해졌을 때, 더 큰 집으로 이사 갔을 때, 출산 혜택이 더 많아졌을 때 등 온갖 조건들로 자연스럽게 미뤄졌다. 그렇게 내가 생각해 놓은 인생의 계획대로 지내면서 결혼한 지 4년이 흘러가자 나름 원하는 것들을 이룬 부분도 있고 나 또한 노산을 원하지 않았기 때문에 슬슬 준비해야 하지 않을까 싶었다.

하지만 임신하는 건 내 마음처럼 쉽게 진행되지 않았다. 노력해도 되지 않는 것들이 있다는 걸 알지만, 평소에 항상 건강식으로 챙겨 먹고 늘 규칙적인 생활을 하고 남편도 이상한 습관이 없었기 때문에 왠지 쉽게 이루어질 거라고 생각했다.

그러나 계속해서 실패하고 더 오랜 시간이 지나도 임신이 되지 않자, 낙심하는 날들이 많아지면서 점점 조급해지기 시작했다. '설마 정신과 치료를 받으면서 먹었던 약 때문인가? 아니면 내 몸에 문제가 있나?' 하며 죄책감에 시달리기 시작했다. 양가의 기대를 저버리고 싶지도 않았고, 나 또한 한 아이의 엄마가 되고 싶었다. 그 당시 내가 느꼈던 좌절감을 표현하자면, 열심히 준비했지만 원하는 시험 점수를 받지 못했다거나 자신 있게 보고 나온 면접에서 떨어지는 경험과는 차원이 다른 깊은 절망이요 힘 빠짐이었다.

반복되는 실패를 여러 차례 맛보고 나서야 깨달은 건, 내가 그동안 내 계획에 사로잡혀 가장 중요한 사실을 놓치고 있었다는 것이었다. 생명의 주권은 오직 하나님께 있는 건데 내가 원하는 시기에 바로 가질 수 있을 거라는 생각을 했던 나 자신이 너무 교만했던 거다.

그러던 5월의 어느 날 아침에 잠에서 깼는데, 정말 인체의 신비라고 할 수 있을 정도로 뭔지는 모르겠지만 본능적으로 컨디션이 평소와 뭔가 다르다는 걸 느꼈다. 이미 남편이랑 내가 임신하지 못하면 둘이 행복하게 살자는 말도 나왔기 때문에 '설마 임신이겠어?' 싶었다.

테스트기를 꺼내서 조용히 화장실로 들어갔다. 그전에는 결과가 나올 때까지 테스트기를 뚫어지게 쳐다봤는데 이번에는 또 실망할까 봐 진행되는 동안 차마 테스트기를 보지 못했다. 그렇게 몇 분이 지났을까,

'안 돼도 너무 슬퍼하지 말자' 먼저 스스로 다독이고서 싱크대에 올려 둔 테스트기를 확인했다.

> "두… 줄?! 두 줄이라고? 이거 두 줄인데! 분명 두 줄이잖아!"

거울에 비친 내 얼굴은 기쁨보다 놀람이 가득했다. '갑자기 이렇게 나타난다고?' 믿을 수가 없었다. 물론 산부인과에서 확정을 받기 전까지는 완전히 안심할 수 없지만, 내 눈으로 처음 보는 두 줄이기에 이 사실이 잘 믿기지가 않았다. 한 번의 테스트로는 부족하다는 생각이 들어서 배달 앱을 켜고 테스트기 몇 개를 더 주문했다. 남편한테는 들키지 않기 위해 집에 간식거리가 떨어져서 이것저것 주문했다고 둘러댔다.

그날따라 배달이 어찌나 느리게 느껴지는지, 기사님의 위치를 수십 번도 넘게 확인했다. 주문한 물품이 도착했다는 문자를 받자마자 테스트기는 후다닥 주머니 속에 넣고 남편이 좋아하는 초코 아이스크림을 보여 주며 시선을 분산시켰다. 그리고 남편이 싱글벙글 초코 아이스크림을 먹으며 서재에 들어간 틈을 타, 혼자 조용히 화장실에 들어가 두 번째, 세 번째 테스트를 하고서 결과를 기다렸다.

빨간 두 줄이 선명하게 떴다. 마음을 가다듬고 남편에게 조용히 다가갔다. 이날 내가 진정 'T'라는 걸 느낀 게, 이렇게 기쁜 소식을 전하는데도 드라마에서 흔히 보듯 방방 뛰면서 남편에게 달려가 임신했다고 소리 지르는 여주인공의 모습은 전혀 없이 등 뒤로 숨겨 놓았던 테스트기를 보여 주면서 차분히 또박또박 임신 사실을 이야기했다. 내가 너무 차분했는지 남편의 리액션 계기판도 고장이 난 듯했다.

"엇…."

잠깐 정적이 흘렀다. 지금 생각해도 웃기지만, 아마

남편은 내 표정을 보고서 지금의 상황을 좋아해도 되는 건지 안 되는 건지 머릿속이 꽤나 복잡했을 것 같다. 남편의 정신적 카오스를 눈치채고 웃으면서 "이거 좀 봐 봐" 하며 남편에게 가까이 다가가자 그제야 씩 웃으며 나를 안아 줬다. 그때의 기억을 더듬어 기록하다 보니 남편이 나를 얼마나 배려하고 살피는지, 그리고 얼마나 고마운 사람인지 새삼 다시 느낀다. 그렇게 우리 부부는 새 생명을 품게 되었다.

우리보다 훨씬 어렵게 아이를 가진 부부들도 많고 아직 기다리고 있는 부부들도 많다는 걸 알기에 조심스럽지만, 당시 나는 끝없이 메마른 광야를 걷는 기분이었다. 하지만 그 시간을 통해 생명의 소중함을 다시 한번 깨닫게 되었고, 나의 교만함을 돌아보며 회개하게 되었다. 육체적으로는 내가 낳는 아이지만, 이 아이의 생명은 오직 하나님의 손에 달려 있다는 사실을 기억하며 그저 지혜로운 엄마가 되고 싶을 뿐이다.

07
에어컨 청소

바닥 청소, 서랍 청소, 주방 정리 다 할 만한데 에어컨 청소 만큼은 생각하기도 싫다. 에어컨은 의자를 밟고 올라가서 분리해야 하고 두껍게 쌓인 먼지를 닦아 내야 했기 때문이다. 그 작업이 왜 이렇게 귀찮은지 모르겠다. 결혼하고 나서도 에어컨 덮개 때문에 먼지가 눈에 잘 보이지 않아서 전혀 더럽지 않을 거라고 합리화하며 청소를 피했다. 보이는 먼지만 닦아 내면 얼추 집이 깨끗해 보이기 때문에 은근슬쩍 넘어갈 때도 있었다. 초여름 날씨가 느껴지는 어느 날, 편의점에 갔다가 돌아왔는데 남편이 조용히 에어컨을 분리하더니 구석구석 꼼꼼하게 닦아 내고 있었다. 순간 뜨끔했다. 그동안 한 번도 손대지 않아서 먼지가 두껍게 쌓였을지도 모를 거라는 생각에, 내가 크게 잘못하고 있던 걸 들킨 기분이었다.

남편의 눈치를 보며 "아! 그거 내가 하려고 했는데!" 하며 얼른 싱크대에서 손을 씻었다. 남편이 뭐라 할 것을 예상하며 의자 밑에 있는 물티슈를 집었는데 예상치 못한 대답을 들었다.

> "자기는 먼지 마시면 안 돼. 거의 다 했으니까 저쪽으로 가 있어."

남편은 그동안 나 모르게 에어컨 청소를 해 왔었다. 내가 몰랐을 뿐이지 그동안 남편은 에어컨 청소를 하고 나서도 전혀 생색을 내지 않고 나를 나무라지도 않았다. 덕분에 우리는 깨끗하고 쾌적한 환경을 누리고 있었다. 평소에 집안일을 잘 도와줘서 이미 훌륭한 남편을 뒀다고 생각했지만, 이건 차원이 다른 감동이었다.

남편은 내가 의자에 올라서서 청소하다가 다치거나 안 좋은 먼지를 마실 수 있으니 에어컨 청소는 본인이 해야 한다고 했는데, 나는 그것도 모르고 매년 어떻게 하면 남편 모르게 다음 해로 미룰 수 있을지를 고민했다. 순간 미안하기도, 고맙기도, 부끄럽기도 했다.

누구나 숨은 때가 있다. 보이는 건 닦아 내면 되지만 보이지 않는 건 잘 숨기면 드러날 계기가 있을 때까지 모를 수 있다. 그러나 보이지 않는 때는 시간이 지날수록 점점 묵은 때가 되어 씻어 내기도 힘들고 박박 문질러야 하기 때문에 나중에 더 아플지도 모른다. 원래의 상태로 돌아오기까지 더 오래 걸릴지도 모른다. 또, 한 번 씻어 낸다고 깨끗한 상태가 유지되는 게 아니기 때문에 계속적으로 확인해 줘야 한다. 비슷한 의미에서 마주하기 싫지만 단 하루도 죄를 짓지 않고 살아가지 못하는 나는 필사적으로 나 자신을 말씀을 통해 점검해야 한다. 오늘도 말씀의 때밀이 수건으로 내 영혼을 구석구석 닦아 본다. 부지런히 노력해서, 늘 기다려지는 주님 뵙는 영광스러운 그 날, 조금이라도 덜 부끄럽게 나아가고 싶다.

Part 2.

꽃이 피는 시간

08
기적의 기지떡 사건

사람들의 간증을 들을 때면, 하나님의 놀라운 은혜에 감동하다가도 나는 언제쯤 저렇게 기적 같은 일을 겪게 되는지 늘 궁금했다. 입이 쩍 벌어질 만큼 뚜렷한 성령 체험을 바라는 건 아니었지만, 적어도 누군가 듣고 놀랄 만한 일이어야 '기적'이라고 할 수 있지 않나 싶었다. 내가 그동안 기적을 경험하고도 알아차리지 못한 이유는 바로 거기에 있었다. 사소한 것들은 기적이라고 생각하지 않는 내 교만함이 나의 눈과 귀를 가렸다.

그런 나를 지켜보시는 하나님은 얼마나 답답하셨는

지, 뒤에서 엄청난 한 방을 준비하고 계셨다. 내가 그토록 바라던 기적은 내가 생각지도 못한 타이밍에 찾아와 딱딱하게 굳어 버린 내 마음을 완전히 녹여 버렸다. 아무리 생각해도 하나님의 빌드업은 완벽했다.

신혼생활을 시작한 지 얼마 안 되었을 때, 한참 재택근무를 하던 중 아빠에게서 전화가 왔다. 꽤 이른 시간이라 무슨 일이 있나 싶기도 했지만, 결혼을 준비하는 과정에서 크고 작게 마음 상하는 일들을 겪고 난 후라 그다지 반갑지가 않았다. 진동이 몇 번 울리고 나서야 상기된 목소리로 전화를 받았다.

> "아빠가 지금 잠깐 너희 집에 들리려고 하는데, 괜찮니?"

이미 오고 계신 중이었다.

> "뭐 하나만 주고 가려고 하는데, 바쁘면 문 앞에 두고

> 갈게."

왜 예고도 없이 이렇게 오시는 건지 화가 났지만, 일단 감정을 누르고 차 한잔 준비해 놓고 있겠다고 했다. 여전히 나에 대한 배려가 전혀 없는 아빠의 모습에 옛 상처들에 대한 기억들이 스멀스멀 올라왔다. 전화를 끊고 올려 둔 주전자에 끓는 물을 보면서 내 속도 같이 끓어 올랐다.

아빠는 나를 정말 엄격하게 키우셨다. 공부에 방해될 만한 모든 요소는 모두 차단하셨고, 내가 아무리 좋은 성적을 내도 아빠에게는 늘 부족한 결과물이었다. 내가 조금이라도 다른 것에 관심을 가지면 크게 혼내셨고, 대학교 3학년 때까지 친구와 여행 한번 가 보지도 못하게 하셨다. 음악과 예술이 좋았던 나는 늘 아빠의 억압 속에서 내가 원하는 것에 대한 열정을 제대로 펼쳐 보지 못한 채 아빠가 원하는 길을 걸어야만 했다. 그로 인해 아빠를 향한 마음의 벽은 점점 높아져만 갔고, 아빠의 인색함과 반복되는 거절로 아빠는 그저 나에게 형식적인 존재가 되어 갔다. 그렇게 20대 중후반까지 아빠와 무미건조한 관계를 유지하다가 나는 결혼을 했고, 갑자기 찾아오겠다고 하신 아빠를 맞이하기 직전이었다.

아빠는 크고 납작한 하얀 박스 하나를 가지고 오셨다. 열어 보니 내가 좋아하는 팥이 가득하고 반질반질한 기지떡이 가지런하게 놓여 있었다. 이렇게 많은 떡을 어느 세월에 다 먹지 싶을 정도로 많았다.

> "파주에 있는 유명한 떡집에서 직접 주문한 거야. 입에 맞으면 얘기해. 언제든지 보내 줄게. 지금 한번 먹어 봐."

표현이 서투른 아빠의 마음을 아예 모르지 않았기에 애써 웃으려고 노력했다. 그렇게 아빠와 어색한 대화를 이어 나간 지 15분쯤 지났을까, 떡을 먹으면서 무심코 올려다봤는데 아빠와 눈이 길게 마주쳤다. 아니, 실제로는 잠깐이었을 수도 있지만 내가 느끼기에는 꽤 긴 시간이었다. 평소 같았으면 눈을 피했을 텐데 이상하게 아빠의 시선에 눈이 고정됐다. 그러고서는 갑자기 목 뒤와 등이 뜨거워지더니 아빠의 눈동자 속으로 빨려 들어가는 것 같았다. 아빠는 분명히 일상 얘기를 하고 계셨는데, 그 얘기는 더 이상 들리지 않고 아빠의 마음 소리가 확성기를 꽂은 것처럼 온 집안 가득하게 울려 퍼졌다.

> "내 딸 수정아… 아빠가 너를 얼마나 사랑하는지 아니? 아빠는 너를 너무나도 사랑하는데, 전달이 잘 되는지 모르겠어…. 이렇게밖에 할 줄 몰라서 미안해…. 그래도 아빠는 항상 여기 있다는 거, 잊지 마."

아빠의 마음 소리가 크고 뚜렷하게 들리는 그 순간, 울지 않으려고 어찌나 안간힘을 썼던지 눈물을 참으려고 허벅지를 손톱으로 누른 자국이 다음 날까지 새

빨갛게 남아 있었다. 아빠 앞에서는 감정의 변화 하나 없이 멀쩡히 배웅해 드렸다. 그런데 갑자기 집 안에 들어오자마자 다리에 힘이 풀리더니 그대로 현관 앞에 주저 앉아 펑펑 울었다.

놀람, 감동, 기쁨, 혼란, 평온 이 모든 감정이 한 번에 밀려와 어깨가 들썩일 정도로 크게 소리 내서 울었다. 아마 그날 태어나서 처음으로 내 울음소리를 직접 들어본 것 같다. 쉴새 없이 쏟아지는 눈물과 함께 아빠를 향했던 모든 분노와 미움이 씻겨 내려가는 걸 느꼈다. 절대 해결되지 않을 것 같던 아빠를 향해 딱딱하게 굳어 버린 내 마음의 돌이 잔해도 없이 말끔하게 사라져 버렸다.

그때부터 나에게 인생 최고의 기적은 아빠의 기지떡 사건이다. 그렇다. 더 이상의 기적은 바라지도 않는다. 이거야말로 나에게 일어날 수 있는 가장 큰 기적이기 때문이다.

하나님은 우리가 생각지도 못한 방법과 시간에 말도 안 되는 은혜를 부어 주신다. 내 모든 순간을 지켜보고 계시며 단 한 순간도 나를 혼자 두지 않으시는 하나님을, 나는 우리 모두가 인생 최고의 순간에 반드시 만날 거라 굳게 믿는다.

09
마법의 나눗셈

나는 수학을 좋아하지도 않고 잘하지도 못하지만 내 주변에 수학을 좋아하는 사람들은 수학에서 희열을 느낀다고 한다. 규칙만 잘 지키면 명확한 답이 나오기 때문이다. 학창 시절에는 그런 친구들이 신기했고, 주로 명쾌한 답보다 사색하기를 좋아했던 나와는 뭔가 다르고 대단해 보여서 부럽기도 했다.

나눗셈은 어떤 숫자가 어떤 숫자를 작게 쪼개는 계산법이다. 쪼개기 때문에, 결괏값은 대개 처음 숫자보다 작아진다. 그런데 성경에서는 이것과 다른 형태의 나눗셈을 볼 수 있다. 나눌수록 그 결괏값은 처음보다 오히려 커진다. 즉, 큰 덩어리를 나눌수록 작은 덩어리들이 배가 되어 더 크게 불어나는 것을 볼 수 있다.

우리 부부가 정말 좋아해서 분기마다 꼭 나가려고 하는 부부 모임이 있다. 남편의 오래된 교회 친구들인데 다들 결혼해서 자연스럽게 부부 모임이 되었다. 결혼하면 닮아 간다는 말이 정확하다고 느낄 정도로, 부부마다 각각의 특징과 달란트가 있고 시간이 지날수록 서로 닮아 가는 게 보인다.

한 부부는 둘 다 선생님인데 그야말로 선하고 성실하고 온화한 친구들이다. 우리 중 가장 긍정적인 사람들이고, 대화가 산으로 가면 다시 중심으로 돌아올 수 있도록 자상하게 교통 정리를 해 주는 부부다. 그 부부 중 평소 완만하고 평온한 성격을 가진 남편분으로부터 충격적인 이야기를 듣게 되었다.

연말 느낌이 물씬 나는 11월 말의 어느 추운 날이었

다. 너무 바빠지기 전에 다 같이 보기 위한 자리를 마련했다. 한참 수다를 떨던 중 뭔가 평소와 다르게 좀 조용하게 있던 그 친구가 머뭇거리며 이야기를 시작했다. 그 친구에게 갑자기 우울증이 찾아온 것이었다. 다들 많이 놀랐는지 어떤 반응을 보여야 할지 몰라 서로 쳐다보며 조용해졌다. 요즘 시대에 정말 많은 사람들이 우울증을 호소하지만, 다른 사람은 몰라도 그 친구에게 찾아오게 될 줄은 아무도 예상하지 못했다.

우울증을 다양한 형태로 경험한 나는 사실 그 친구가 모임 장소에 도착했을 때부터 뭔가 싸함이 느껴졌었다. 아니나 다를까 그 친구는 꽤 오랫동안 힘든 시간을 겪고 있었다. 그리고 그날, 그 친구의 고백을 통해 모두가 특별하고 기이한 경험을 했다.

부부 모임 바로 전 주, 교회에 조금 일찍 도착해 지하에 위치한 두란노 서점을 둘러보고 있었다. 평소에도 자주 들리는 곳이라 무심코 지나가려던 중에 유난히 눈에 들어오는 책이 있었다. 앞장만 훑어봤을 뿐인데 나도 모르는 사이에 눈물이 훅 차올랐다. 누가 옆에서 따뜻한 이불을 덮어 주듯이 말하지 않아도 내 마음을 알아주고 위로해 주는 듯, 그 순간만큼은 그 공간에 오롯이 나와 그 책만 있었던 것 같았다. 그렇게 그 책을 구입하게 되었는데, 이상하게 아무 이유 없이 두 권을 사야겠다는 생각이 들었다. 내가 읽거나 줄 사람이 있는 경우 외에는 책을 사지 않는 내가 딱히 줄 사람도 없고 이벤트도 없었는데 망설임 없이 똑같은 책 두 권을 집어 결제했다. 그렇게 한 권은 내가 읽고, 하나는 집에 방치해 두고 있었다. 그런데 그 친구에게서 그동안 일상에 치여 어둡고 힘들게 보낸 시간에 대한 이야기를 들으며 그 책의 주인이 누군지 알게 되었다.

그 순간 신기하면서도, 소름 돋고, 무엇보다 행복했다. 평소에 내가 잘 사지 않는 그림이 많은 책이었는데, 그 친구는 자기가 선생님이지만 글이 많은 책은 좋아하지 않는다면서 자기에게 안성맞춤이라며 모두를 빵 터지게 했다. 그러면서 그 자리에 모인 사람들 하나둘씩 서로의 고충을 털어놓으며 함께 기도 제목을 나눴다. 남편은 그날 친구들이 처음으로 서로 기도 제목을 나눈 거라며 매우 놀라워했다.

나중에 그 친구에게 따로 카톡으로 고맙다는 메시지를 받았는데, 깊은 진심이 느껴졌다. 하지만 내가 오히려 그 친구에게 더 고마웠다. 소소하지만 내가 가진 걸 나누어 보니 내가 나를 위해 사는 것보다 몇 배의 기쁨을 경험하게 해 줬기 때문이다. 연말인 만큼 나눔에 관하여 다시 생각해 보게 되었고, 하나님 안에서 누군가와 나누는 모든 것은 결괏값이 결코 작아지는 게 아니라 무궁무진한 크기로 커지는 것을 보게 된 소중한 순간이었다.

10
코로나 팬데믹 덕분에

코로나19는 나이와 성별에 상관없이 많은 사람들을 힘들게 했다. 아이들은 학교에 가지 못하는 날이 많았고, 한동안 운동장이나 놀이터가 쓸쓸해 보일 정도로 평소 시끌시끌하던 곳이 전부 조용했다. 또 어르신들은 병원조차 마음 놓고 다니지 못했고, 까끌까끌하고 답답한 마스크도 늘 써야 했다. 보이지 않는 바이러스로 모든 사람이 청결에 대한 강박이 늘어났으며, 면역력이 약한 사람들은 특히 더 조심해야 했다. 안 그래도 바쁜 의료진들은 늘 지쳐 있었고, 모두가 끝이 보이지 않는 터널을 힘겹게 달리고 있었다.

그런데, 이렇게 불편함만 가득한 와중에 나는 오히려 코로나 팬데믹 덕분에 하나님께 감사할 일들이 많아졌다.

사람 많은 곳을 힘들어하는 나에게 하나님은 온라인 예배를 통해 오히려 예배당에 대한 갈망을 심어 주셨고, 혼자 있는 시간을 누리는 방법들을 찾게 해 주셨다.

또 남편과 함께 지내는 시간을 늘려 주셔서 연애를 짧게 한 우리에게 서로를 더 깊이 알아가는 시간을 주셨다.

일상이 말씀 중심으로 바뀌면서 고난 속에 복이 있다는 것을 경험하게 해 주셨다.

재택 근무가 생기면서 사람 많은 출퇴근 버스를 피하게 해 주셨고, 그 시간에 조용히 성경 읽는 시간을 만들어 주셨다.

맑아지는 하늘을 보게 해 주셨고, 어렸을 때 맡았던 깨끗한 공기를 맡게 해 주셨다.

백신이 개발되는 동안 희망을 품게 해 주셨고, 생명의 소중함에 관하여 다시 한번 생각해 보게 해 주셨다.

사랑하는 사람들이 그저 무탈하고 건강하게 지낸다는 사실만으로도 감사함을 느끼게 해 주셨다.

일상으로 돌아갔을 때 하고 싶은 것들에 대해 꿈을 꾸게 해 주셨고, 큰 의미는 없어도 나에게 즐거움을 주는 소소한 것들을 소중히 여기게 해 주셨다.

무엇보다 조용히 글을 쓸 수 있는 시간을 허락해 주셨다. 아무래도 실내 생활이 늘어나다 보니 지나간 시간들에 대해 돌아보고 생각할 시간이 많아졌기 때문이다.

코로나 팬데믹 덕분에 생긴 귀한 시간들을 보내는 동

안 내 마음에 파도를 일으키는 이야기들을 짧게 기록해 왔는데, 나중에 누군가에게 도움이 되는 기록들이 되었으면 좋겠다.

11
저 원래 이런 사람 아니에요

요즘에 사람들을 만나면 이상하게 눈물을 많이 흘린다. 처음 보는 사람이든, 원래 알던 사람이든, 상대가 누구든 대화 중에 조금만 감정 이입이 되어도 눈물이 바로 차오른다. 좋은 얘기든, 슬픈 얘기든 쉽게 우는 나를 보고 당황해하는 상대에게 자주 하는 말이 있다.

"저… (흑) 원래… (흑흑) 이런 사람 아니에요. (흑흑흑)"

이야기의 종류와 상관없이 은혜가 되는 모든 이야기에 운다. '그 사람 삶 속에서 하나님이 일하시는구나'

하며 감동해서 눈물이 나기도 하고, 상대의 고난이 얼마나 힘겨운 일인지 느껴져서 눈물이 나기도 하고, 너무 기쁜 소식이라서 눈물이 나기도 한다. 처음에는 '설마 이게 말로만 듣던 갱년기인가? 이 갱년기를 벌써 맞이하는 건가?' 싶었는데 눈물을 흘릴수록 내 마음이 뽀얗고 하얗게 정화되는 느낌이라 분명 갱년기는 아니었다.

나를 오랫동안 봐 온 남편은 우는 나를 보면 매번 놀란다. 슬픈 영화를 봐도 눈물 한 방울조차 흘리지 않던 나에게 무슨 변화가 생긴 건지 신기해하면서도 내가 정말 괜찮은 건지 조심스럽게 살핀다. 그리고 내가 이렇게 감성적인 사람인데 그동안 왜 그렇게 이 악물고 눈물을 참아 왔었는지 궁금해한다.

아마 홀로 유학 생활을 오래 하며 스스로 성장해야 했던 시간 속에서 나도 모르게 눈물 흘리는 법을 까먹었던 것 같다. 어차피 울어서 해결될 건 없었고, 혹여 울

게 되면 진만 빠졌기 때문이다. 승부욕도 있었고 혼자 버텨야 하는 상황이 많았기 때문에 그 성향이 더더욱 강해진 게 아닐까 싶다. 나는 남들이 다 원하는 유학 생활을 이미 하고 있었고, 다들 잘 버티고 살고 있는 것 같아 나만 약해지기 싫었다. 그렇게 나에 대한 잣대도 높아졌고 감정은 점점 메말라 갔다. 잘해야 하는 것은 당연한 것이었고, 계속해서 나를 발전시키고 무언가를 만들어 나가야 한다는 강박도 생겼다. 물론 새로운 도전을 즐겼던 순간들도 분명히 있었다. 하지만 즐기는 것도 잠시, 도전에 대한 결과물을 만들어 내기 위해 또다시 감정이 메마른 파이터 모드로 들어갔다. 그렇게 내 힘으로 내 생각대로 움직이고 결정하다 보니 삶이 각박해질 수밖에 없었던 것이다.

하지만 지금은 내 의지와 상관없이 수도꼭지를 튼 것처럼 눈물이 주르륵 흘러내리고, 한번 흐르면 쉽게 멈추기가 힘들다. 이제 내 힘으로만 버티지 말고 주님의 그늘 아래서 좀 쉬었다 가라고 하시며 내 마음을 천천히 녹이시는 것 같다. 그래서 요즘은 순종하듯이 눈물이 나면 나는 대로 놔둔다. 때로는 어깨가 들썩일 정도로 강한 눈물이 쏟아지기도 하고, 조용한 봄비같이 눈물이 흐르기도 한다. 가장 신기한 건, 주님 앞에서 눈물을 흘리고 나면 지치지도 않고 오히려 개운해지며 머리가 맑아진다는 것이다.

내 눈물 한 방울 한 방울 흘린 만큼 사랑과 은혜로 리필해 주시는 하나님, 한 방울도 빠짐없이 다시 채워 주세요.

12
이렇게 끌리는 사람이 있다니

제목만 보면 남편 이야기라 생각할지도 모르겠다. 남편에게 미안하지만 전혀 다른 사람의 이야기다.

남편과 교회 신혼부부 순(모임)에 들어가기로 하고서 처음 예배드리러 간 날이었다. 기대 반 떨림 반으로 어떤 사람들을 만나게 될 지 너무 궁금했다. 동시에 새로운 사람들에게 비칠 내 모습에 대해 걱정이 되기도 했다. 마음을 여는 데 유독 오래 걸리고, 친해져도 어느 정도 거리를 유지하고 싶어 하는 내가 과연 적응을 잘할 수 있을까도 의문이었다. 이미 이전에 실패한 관계도 여럿 있었기에 더욱 초조했다.

그런 나에게 그날 아무런 예고 없이 따듯함을 한 바가지 안고서 훅 들어온 사람이 있었다.

미니(가명)는 평소에 내가 부담스러워하는 스타일의 사람이었다. 파워 E에다가, 스킨십에 거리낌이 없고, 하이톤의 목소리에, 하얀 백구 같은 친구다. 첫인상이 조금 차가운 나에게서 없는 모습들을 그야말로 몽땅 모아 놓은 아이다. 미니는 순에 처음 오는 신혼부부들이 개별 공동체에 들어가기 전에 OJT같이 공동체에 대한 정보도 알려 주고, 서로의 신앙에 관한 이야기를 나누기 위해 만나는 사람이다. 아무리 생각해도 그 역할을 정말 찰떡같이 잘 수행하도록 하나님이 많은 달란트를 주신 친구다.

아무튼 그렇게 처음 몇 마디를 나누면서 이상하게 부담스럽거나 힘들지가 않았다. 오히려 우리 사이에 감돌던 어색함을 뚫고 순수한 눈망울로 이야기를 이어 나가는 모습이 신기해서 계속 관찰하게 되었다. '사람이 어떻게 저렇게 투명할 수 있지? 나보다 훨씬 어리지만 생각하는 게 어떻게 저렇게 깊을 수가 있지?' 하며 첫 만남의 시간은 금방 흘러갔고, 그 자리를 나오면서 벌써 끝난 걸 아쉬워하는 내 모습을 본 남편은 살다 살다 별일을 다 본다고 내심 기뻐했다.

주일이 지나가고 한 주가 시작되었는데, 이상하게 미니가 보고 싶었다. 이게 뭐지 싶을 정도로 나 자신이 낯설었다. 돌아오는 주일이 기대될 정도로 자주 생각나고, 우리가 나눴던 이야기들을 되짚어 보기도 했다. 돌아온 주일은 내가 생각했던 것보다 훨씬 은혜로웠다. 남편도 나도 잊지 못할 내 모습이 드러난 날이었다. 각자 인생 그래프를 그려 가며 지금까지 겪었던 크고 작은 일들에 대해 이야기를 나누는데, 나도 모르게 남편과 상담사 외에는 아무도 모르는 이야기들을 미니에게 하나둘씩 털어놓고 있었다. 이전에 나는 내 과거를 드러내기 부끄러워하고 힘들어하는 사람이었다. 그런데 이렇게 담담하게, 그것도 두 번째 만남에서 이렇게 이야기하는 건 절대 있을 수 없는 일이었다. 여기서 끝이 아니라 마무리가 더 기똥찼다. 미니가 나한테 마무리 기도를 시키는데, 그 자리에서 완두콩만 한 눈물을 흘리며 여기 만난 모든 사람들은 소중하고 사랑스럽고 특별하다고, 미니가 보고 싶었다고 혼자 고백 아닌 고백을 늘어놓았다. 마음속으로는 '내 입아, 제발 닥치소서' 하는데, 내 의지와 상관없이 기도를 멈출 수가 없었다. '아니, 맨정신으로 이런 뜬금없는 고백이 가능한가? 지금 이게 말이 되나?' 하면서 기도를 어찌저찌 마무리했다. 남편은 그런 내 모습이 귀엽고 기특했는지 그 후로 며칠을 놀려 댔는지 모른다.

그래도 내 민망한 고백 덕분에 미니와 특별한 우정이 시작되었다. 서로 지내 온 배경은 달라도 진한 영적 교감이 만들어 주는 연결고리가 얼마나 강력한지, 십년지기 친구보다 더 각별하고 두터운 관계를 만들어 주는 소중한 경험을 하게 되었다. 더 나아가 하나님의 계획 안에서 앞으로 만나게 될 사람들에 대해서도 전보다 덜 두려운 마음을 갖게 되었다. 실제 피가 전혀 섞이지 않은 사이인데도 미니와 내가 하나님의 형상을 닮은 둘도 없는 자매라는 사실이 기쁘고 감사하다. 나와 가족 외에 내가 진심으로 기도해 주고 싶은 사람이 생겼다는 것은 너무나도 행복한 일이다.

미니야, 우리 함께 천국 갈 때까지 서로의 곁을 잘 지켜 주자.

13
친정엄마

〈친정엄마〉는 2010년에 개봉한 영화다. 내가 정말 좋아하는 김해숙 배우님과 박진희 배우님이 출연하는 영화라 개봉 소식을 듣자마자 관심이 갔다. 그 당시 영화 홍보가 활발해서 지나가는 버스마다 부둥켜안고 있는 주연 배우들의 사진이 붙어 있음을 볼 수 있었다. 광고를 보고서 내용도 궁금하고 감독과 기타 출연진들도 궁금해서 찾아보려고 검색해 봤지만, 차마 티저(teaser)까지는 보지 못했다. 대충 친정엄마와 딸 사이의 애틋함을 주제로 만든 영화인 것 같아서, 보지 않았는데도 눈물이 날 것만 같았다. 엄마와의 원만한 관계를 갈망했기에, 인정하긴 싫지만 엄마와 관계가 복잡했던 때였기에 나도 모르게 피했던 것 같다. 결국, 그 영화를 보지 않고 '당장은 아니더라도 언젠가는 보겠지' 하며 지나갔다. 그러나 그 언젠가가 약 15년 후가 될 줄은 몰랐다.

최근에 육아하면서 새벽에 너무 힘이 들어 잠은 오지 않고, 아가가 언제 깰지 몰라 거실에서 쉬고 있었다. 마침 TV를 켜 보니 무료 영화 목록에 버스 광고에서 봤던 그 영화가 떠 있었다. 여전히 두 배우가 서로의 얼굴을 만지며 아련하고 따듯한 눈빛을 맞추고 있었다. 의지와는 다르게 마음속으로는 늘 보고 싶었던 영화라서 그랬는지, 티저 이미지를 한참 쳐다보다가 용기를 내어 보기로 했다. 재생 버튼을 누르기 전에 잠깐 멈칫하긴 했지만, 이상하게 그날따라 이번에는 꼭 봐야겠다는 생각이 들었다.

영화는 기대했던 것만큼 멋지고 감동적이었다. '왜 이제서야 본 거지? 더 일찍 봤으면 좋았을 텐데…' 하는 생각이 들 정도로 내 마음속에 깊은 여운을 남겼는데, 다시 생각해 보면 그때가 가장 적합한 타이밍이었다. 결혼과 함께 독립을 했고, 아이도 낳았고, 엄마에 대해 더 많이 생각해 본 시간 때문인지 영화가 더욱 와닿았다. 그동안 나는 엄마를 엄마라는 존재로서만 바라봤다. 그러나 엄마도 엄마이기 이전에 나와 같은 여자이자 딸이었다. 엄마도 친구들과 거리를 활보하며 떡볶이와 간장에 오뎅 찍어먹던 꽃다운 시절이 있었고, 할아버지의 사업을 돕느라 바쁜 할머니의 사랑이 고팠던 사람이기도 했다. 나만 딸의 입장에서 엄마한테 원하는 게 많았지, 엄마가 어떤 공허함을 안고 있었을지에 대해서는 그닥 많은 생각을 해 보지 않았다. 엄마와의 지난 시간들이 모두 이해된 건 아니지만, 엄마도 엄마의 자리를 지키느라 얼마나 외로웠을지 생각해 보게 되었다.

영화 엔딩 크레딧이 다 올라갈 때까지 멍하게 앉아 있었다. 아가도 지금 내가 혼자 생각할 시간이 필요했다는 걸 알았는지, 본래 깨는 시간이 지났는데도 일어나지 않았다. 이른 시간이었지만 괜히 한번 전화해 볼까 하다가, 아가가 일어나서 나중으로 미루기로 했다. 아가들은 엄마들이 꼭 무언가 하려고 하면 기가 막힌 타이밍에 깨곤 하는데, 참 신기하다.

저녁이 되고 나서야 육아를 퇴근하고 엄마한테 전화할 시간이 생겼다. 그런데 생각했던 것만큼 영화 얘기가 쉽게 나오지 않았다. 결국 일상 얘기만 얼버무리다가 끊었는데, 찝찝함이 가시지 않아 다시 전화를 걸었다. 쭈뼛쭈뼛 영화 얘기를 꺼냈고 느낀 점도 나눴다. 놀랍게도 엄마 역시 이 영화를 보고 싶었지만 할머니와의 관계가 순탄하지만은 않았기에 선뜻 볼 용기가 나지 않았다고 했다.

솔직한 감정 표현이 어려우신 할머니는 다소 딱딱하고 차가운 분이셨다. 게다가 첫째 아들을 사고로 잃고서 받으신 충격으로 매우 완고해지셨다. 이후 둘째인 엄마에게 가족과 관련된 모든 임무가 갑자기 맡겨졌는데, 할머니와 솔직한 대화 한번 나눠 보지 못한 엄마에게는 그게 너무 버거운 숙제였다. 아들 그리고 오빠를 잃은 슬픔을 함께 나누지도 못한 채, 하루아침에 둘째에서 첫째가 된 엄마는 주어진 역할에 적응하느라 얼마나 힘들었을까 가늠하기 어렵다. 한시간 정도 흘렀을까? 서로 공감하는 주제가 긍정적인 게 아니라서 조금 안타까웠지만, 그래도 이 시간을 통해 얻는 게 더 많았다. 아무리 엄마와 딸 사이라 해도, 서로에 대해 생각보다 모르고 있는 게 많았다.

영화 하나 때문에 이런 얘기까지 나누게 될 줄이야. 평소 같았으면 혼자 생각하고 말았을 텐데 솔직한 대화를 통해 엄마의 다른 면도 보게 되었다. 주님은 우리에게 많은 경험을 하게 하신다. 좋은 경험, 나쁜 경험 모두 나중에 쓰일 때가 있기 때문이다. 지난 시간에 받은 상처들로 인해 슬픔에 젖어 있기보다 솔직한 생각들을 나눌 수 있으면 나누고, 그럼에도 불구하고 결국에 모든 것을 합력하여 선을 이루시는 하나님을 믿고 나아가는 내가 될 수 있기를 간절히 바란다.

Part 3.

이렇게 사는 맛

14
무계획

언제부턴가 계획을 세우는 게 싫어졌다. 나는 항상 할 일을 순서대로 적어 놓고 하나씩 지워 나가며 성취감을 느끼는 걸 좋아했다. 그런데 요즘에는 그렇게 각 잡고 세로로 써 내려가는 것보다 의식의 흐름을 따라 삐뚤빼뚤 가로로 쓰는 게 더 좋다.

MBTI가 유행한 이후로 나는 내가 파워 'J'라서 계획 세우기를 좋아하고 조직적으로 움직이려는 사람이라고 생각했다. 그러다 최근에 갑자기 날이 추워지면서 주말에 계획 없이 따뜻한 집 바닥에 앉아서 꼬물거리는데 '아니, 진작에 이러고 놀아볼걸! 아무것도 안 하는 게 이렇게 재밌을 수 있다니!'하는 생각이 들면서, 그동안 내가 무계획의 여유를 제대로 누려 보지 못했다는 걸 깨달았다. 그리고 가끔 세상적으로 성격 검사(해석)나 심리 분석을 해 놓은 글들을 재미 삼아 찾아 읽는데, 그 내용들이 무의식중에 내 생각과 행동을 지배할 수도 있겠다는 생각이 들었다.

그동안 나는 주님이 바라보시고 원하시는 내 모습보다 내가 생각하는 내 모습이나 남들이 생각하는 내 모습에 대해 더 오래, 더 많이 생각했다. 그래 놓고 거기서부터 시작되는 온갖 낙심과 자기혐오 때문에 무너지곤 했다. 이제는 나보다 이웃을 먼저 생각하고, 내 모습보다 하나님 나라를 바라보고, 내 생각보다 말씀을 묵상하는 사람이 되고 싶다. 오늘은 아무것도 하지 않을 거라는 생각도 어쩌면 하나의 계획일 수도 있지만, 'J'의 꼬리표를 내려놓고 그날그날 내가 필요한 게 뭔지 나를 더 살피며 매일 마음이 이랬다저랬다 하는 내 모습도 존중해 주는 내가 되고 싶어졌다. 내가 나를 존중하는 태도가 곧 주님께 순종하는 자세일 수 있기 때문이다.

15
우리 참 잘 만났어

남편과 나는 20대 후반에 만났고 6개월 만에 결혼 얘기가 오갔다. 내가 6개월 만에 결혼 준비를 하게 될 줄이야. 나는 이전에 관계 가운데 크고 작은 상처를 받아서 상대방에게 마음을 열기까지 오랜 시간이 걸리는 편인데, 남편은 처음 만났을 때부터 다른 사람들과는 다르다는 게 느껴졌다. 나는 배우자 기도를 할 때, 하나님을 사랑하고 나를 보호해 주고 무엇보다 내 신앙을 키워 줄 수 있는 사람을 만나게 해 달라고 기도했다. 본능적으로 그런 사람을 만나야 내가 정상적인 삶을 살 수 있다고 생각했던 것 같다.

남편은 나와 정반대의 가족 분위기 속에서 자랐다. 부모님의 기대에 따라 늘 최고를 달려야 했던 나와는 다르게, 남편은 자유롭고 유연한 부모님 사이에서 별일 아닌 것에도 칭찬을 듬뿍 받으며 자랐다. 그래서 그런지 뭔가 맑은 영혼을 가진 사람 같았고, 남편을 만나면 그게 나한테도 스며들어 오는 걸 느꼈다. 남편의 조건 없는 사랑 표현이 신기하면서도 좋았다. 딱히 특별한 걸 하지 않아도 귀염을 받을 수 있다는 게 새로웠다. 가족도 아닌데 누군가에게 이런 안정감을 느낀 건 처음이었다. 늘 내가 우선순위에 있고 어디를 가든 부탁하지 않아도 내 것부터 챙겼다. 남편과 있으면 불안할 틈이 단 한 순간도 없을 정도로 매 순간 나를 향한 본인의 마음을 확인시켜 줬다. 데이트를 할 때는 본인 취향보다 내 취향이 더 중요한 사람이었다. 시집을 먼저 간 친구들은 내가 그런 남자친구에 대해 얘기하면 "남자는 결혼하면 다 변해~"라고 하면서 지금을 누리라고 했지만, 나는 남편이 변하지 않을 사람이라는 걸 알았다.

내가 결정적으로 남편과의 결혼을 확신하게 된 건, 무슨 일이 있어도 주일을 지키고 교회를 위해 헌신할 준비가 된 마음가짐을 가졌다는 걸 보고 난 후였다. 결혼을 준비하는 과정이 결코 순탄하지는 않았지만, 나름 오랜 기도 끝에 만난 사람이기에 힘들어도 하나님께서 도와주실 거라 믿었고, 그 믿음으로 뚫고 나가야 한다는 생각이 나를 버티게 해 주었다.

연애할 때보다 결혼 후에 나를 더 사랑해 주고 아껴 주는 남편을 보면서, 하나님께서 예비하신 짝이 정말 존재하는구나 싶었다. 물론 행복하고 기쁜 날만 있었던 건 아니다. 서로 언성이 높아질 때도 있었고, 함께 울 때도 있었다. 하지만 아무리 크게 싸워도 서로 되돌아보고 회개하는 시간을 가지면서 이전보다 더 성숙한 부부가 되어 가고 있는 걸 느낀다. 무엇보다 말씀과 가까이하면 할수록 우리 부부 사이도 더 좋아지는 걸 경험하고 있다.

어디선가 평안한 가정을 정의한 다이어그램을 본 적이 있는데, 보자마자 격하게 공감했다.

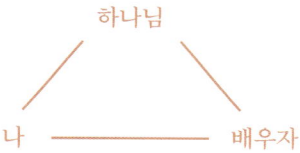

하나님이 중심에 있고 그 밑에 나와 남편이 있을 때, 우리 가정이 가장 화목하고 하나 되는 걸 볼 수 있다. 나와 배우자가 하나님과 동등한 선에 있어도 안 되고 배우자와 하나님이 내 위에 있어서도 안 된다. 반드시 하나님이 가장 위에서 중심을 잡고 계시고, 그 밑에 나와 남편이 같은 선에서 서로를 바라봐야 한다. 앞으로 우리 부부에게 어떤 일들을 맡겨 주실지, 어떤 미래를 펼쳐 주실지 기대된다. 우리 부부가 주님께서 맡겨 주실 일을 담대히 감당할 준비가 되어 있으면 좋겠다.

16
소중한 순 모임 식구들

매년 연초에 교회에서는 새로 배정한 부부 순(모임) 명단이 발표된다. 어떤 순원들을 만나게 될지 기대하며 리스트를 확인해 보았는데, 솔직히 처음 순장 이름을 확인했을 때 남편도 나도 함께 경악했다. 남편과 초등학생 때부터 가장 친한 친구가 이끄는 순에 배정되었기 때문이다.

애초에 그 친구 덕분에 지금 다니는 교회에 정착하게 되긴 했는데, 설마 같은 순이 될 거라고는 상상도 못했다. 어떻게 보면 이미 잘 아는 사이라 좋을 수도 있겠지만, 서로의 부모님끼리도 잘 알기에 순에서 이야기를 나눌 때 깊이 있게 서로 마음 놓고 나눌 수 있을까 고민이 되기도 했다. 하지만 이 또한 하나님의 뜻이라 생각하고 남편도 나도 열심히 참석하기로 했다.

결론부터 말하자면 8개월이 지난 지금, 마치 식구처럼 둘도 없는 소중한 사람들이 되었다. 정말 많은 걸 공유하고 함께 울고 함께 기뻐해 주는 사이가 되었다. 평생 이들과 함께 성장하고 싶을 정도로 가까워지고 서로 아끼게 되었다. 그 친구들을 통해 말씀 중심으로 끈끈해지는 건강한 공동체의 모습이 어떤 건지 깨닫게 되었다.

나눔을 통해 내 마음속 특별한 사람이 되어 버린 그 친구들의 삶 속에서 하나님이 어떤 은혜를 부어 주시는지 듣고 싶어 매 주일이 기대된다. 물론 시시콜콜한 대화도 나누지만, 결국 모두가 말씀을 중심의 같은 마음으로 모이는 자리이기 때문에 깊은 대화를 통해 위로와 도전을 받고 겸손함도 배우고 있다. 겉으로 보기에 멀쩡하지만 집안마다 사정이 다르고 각자의 고민이 이렇게나 다양하다는 것도 알게 되었다. 조용히 혼자 신앙생활을 하다 보면 내가 제일 힘들고 내 상황이 가장 복잡하다는 착각 속에 빠지기 쉬운데, 그럴 때마다 나를 정신 차리게 해 주는 친구들이다.

성경을 통해 늘 강조하는 공동체의 중요성과 이웃 사랑은 평범한 일상생활에 큰 원동력이 되어 줄 뿐만 아니라 내 신앙의 성장에 큰 역할을 하고 있다. 그동안 설교를 통해 수없이 들어 왔던 내용이지만, 무심코 무시해 왔던 것 같아 부끄럽고 죄송하다.

이제라도 열심히 실천해야겠다는 마음으로, 두세 사람이 모여 기도할 때 함께하시는 하나님께 기도를 드린다. 우리 순 식구들이 모두 각자의 자리에서 말씀을 붙잡고 선한 영향력을 펼치는 기둥들로 세워지도록 말이다. 하나님 안에서 함께 나아가는 공동체는 결코 흔들리지 않을 거라 믿는다. 이들과 함께해서 든든하고 행복하다.

17
인사이드아웃 2

영화 시작부터 울컥했다. 이럴 줄 알고 휴지를 한가득 챙겨 온 덕분에 든든했다. '그래, 얼마든지 나를 울려라.' 나는 내가 인생의 어느 시점에 놓여 있는지에 따라 특정 소재들이 끌리는데, 지금 나에게 제일 필요한 영화는 바로 〈인사이드아웃〉이었다.

영화는 내가 기대했던 것 그 이상이었다. 몽글몽글한 캐릭터들을 통해 감동과 위로를 받고, 반성까지 하며 나올 줄이야! 주인공 라일리는 사춘기를 맞이하면서 새로운 감정들이 생기는데, 이 변화에 적응하는 동안 자기만의 가치관이 형성되는 과정을 다룬 영화다. 불안, 창피, 따분, 질투와 같은 복잡 예민한 감정들이 등장하면서 라일리는 들어가고 싶은 하키 팀 안에서 최고가 되고 싶어 이미 유명한 선수들과 친해지기 위해 의리를 깨고 본인의 성격이나 모습을 바꾸는 등의 갈등을 겪기 시작한다.

라일리와 비슷하게 나도 사춘기 시절 이불킥 할 만한 사건들이 수없이 많았다. 가끔 꿈속에 나타나 아침부터 한숨을 쉬게 만드는데, 그때로 돌아간다면 어떻게든 그 장소에 가지 않거나 그 말을 하지 않거나 그 화장법을 쓰지 않을 것이다.

한참 가치관이 형성되는 고등학생 때, 엄마가 한국에 돌아가야 할 상황이 생겨 당시 내가 다니던 학교 선생님 집에서 홈스테이를 하게 되었다. 물론 한국 문화를 아예 모르는 백인 가정집이었다. 그 집에 딸이 두 명 있었는데, 나와 같은 학교를 다녔고 꽤 인기가 있는 친구들이었다. 동양인이 몇 명 없는 학교라 소속감에

굶줄여 있었기에 그 친구들이랑 가까워지면 학교 생활이 수월해지겠구나 싶었다. 자연스럽게 그들이 입는 옷이나 사용하는 것들을 따라하게 되었고, 말투와 표정도 따라하기 시작했다. 그러자 신기하게도 주변 아이들이 나에게 관심을 갖기 시작했다. 그리고 미국인 남자친구도 생겼다.

나는 아빠의 뽀얀 피부를 물려받아 우유처럼 하얀데, 그 친구들은 구리빛 피부가 예쁘다고 했다. 나는 흑갈색 모발이라 눈썹도 많고 숱도 진했는데, 그 친구들은 최대한 얇은 눈썹이 매력적이라고 했다. 피부를 태우기 위해 매주 태닝 숍(tanning shop)을 따라다녔고, 눈썹 집게를 사서 눈썹을 다듬기 시작했다. 그러다 보니 내게 익숙했던 내 동양적인 모습과 점점 멀어져 갔지만, 나는 친구들의 인기를 얻는 게 더 중요했다. 인기가 많아야 학생 회장으로 뽑힐 확률이 높았고, 좋은 대학을 가기 위해서 반드시 그 자리를 차지하고 싶었다.

결국 전교 1등으로 졸업하며 누구보다 치열한 4년의 학창 생활을 보냈다. 하지만 졸업 앨범에서 나를 찾기 힘들 정도로 나는 아예 다른 사람의 모습이었다. 학기가 끝나 여름방학이 되어 잠깐 한국으로 들어왔을 때, 공항에 마중 나오신 부모님도 내가 가까이 다가갈 때까지 나를 알아보지 못하시는 정도였다.

그 시절을 떠올리면 행복했던 기억이 거의 없다. 그저 친구들이 좋아하는 모습으로 살아가기 바빴고 나다움이 없었기에 오히려 낯선 기억들이 가득하다. 라일리의 머릿속을 장악한 '불안이'처럼 잘해 내야 한다는 강박 때문에 온갖 시나리오를 상상하며 스스로에게 관대하지 못했다. 그중에서도 나를 가장 힘들게 했던 건 내가 도대체 어떤 사람인지 전혀 모르겠다는 것이었다. 내가 성실한 사람인지, 좋은 친구인지, 항상 이겨야만 하는 사람인지, 혼자서도 잘 있을 수 있는 사람인지 혼란스러웠다. 성인이 되어서도 이 고민들은 날 따라다녔고 항상 가면을 쓰고 있는 것만 같아 괴로웠다. 그러나 하나님은 그것을 계기로 나로 하여금 말씀을 깊게 묵상하도록 만드셨다.

주님은 여러가지 경험과 사람들을 통해 우리 인생 가운데서 일하신다. 내 삶에 일어난 일들과 앞으로 일어날 일들에 대해 아시고 보호하시지만, 때로는 고난을 허락하기도 하신다. 그 가운데 내가 영적으로 한 발짝 성장하고 하나님의 사랑과 은혜를 느끼게 해 주시기 위해서다. 내가 그저 평온하고 즐거운 학창 시절을 보냈다면, 하나님 앞에 간절히 무릎 꿇는 날들이 과연 얼마나 있었을까 싶다. 그리고 가장 중요한 건, 내가 어떤 모습이든 하나님은 나를 있는 그대로 사랑하시기 때문에 하나뿐인 아들을 보내셔서 나의 모든 죄를 용서해 주셨다는 사실이다. 내가 겪은 모든 일들이 있었기 때문에 지금의 내가 있고, 그런 나를 한없이 사랑해 주시는 하나님이 계신다.

영화 끝에 라일리는 좋은 기억과 나쁜 기억들이 모두

합쳐져 다양해서 더욱 빛나는 가치관이 형성된다. 그리고 라일리의 감정 캐릭터들은 그런 라일리의 완벽하지는 않지만 완전한 모습이 가장 소중하다고 인정하며 끝난다. 영화 시작부터 이미 조용히 울고 있었는데 이때 겨우 참고 있던 감정들이 터져 어깨가 들썩일 정도로 흐느꼈다. 라일리가 겪은 일들을 통해 내 학창 시절이 회상되고 그때의 나를 따뜻하게 안아 주고 있는 나를 발견했다. 그저 최선을 다했던 어린 나에게 마음속으로 격려와 뜨거운 박수를 보낸다.

나는 성실하지만 하기 싫은 건 마지막까지 미루는 사람이고, 좋은 친구가 되었다가도 마음 상하면 오랫동안 삐져 있기도 하고, 이기는 걸 좋아하지만 졌다고 해서 세상이 끝났다고 생각하지 않고, 독립적일 것 같지만 생각보다 내가 믿는 사람에게 많이 기대는 사람이다. 더 이상 내 정체성에 대해 고민하거나 힘들어하지 않고 주님이 부어 주시는 사랑을 통해 이렇게 양면의 모습들을 모두 가지고 있는 나를 인정하고 온전히 아껴 주는 내가 되기를 기도한다.

18
남동생 하나 잘 뒀어

내가 만약 둘째를 갖는다면 네 살 터울이 좋을 것 같다. 하나뿐인 남동생과 지내 보니 나이가 너무 비슷하지도 너무 차이 나지도 않아 서로를 존중하며 적당히 친해졌기 때문이다. 이제는 다 커서 귀여운 아저씨 같지만 내 마음속에는 늘 어릴 때의 모습이 남아 있다. 유년 시절 부모님께서 찍어 두신 비디오 테이프를 보면 내가 동생을 얼마나 아꼈는지를 볼 수 있다. 내가 봐도 눈을 겨우 뜨는 남동생 앞에서 재롱도 피우고 잘 자라고 노래도 불러 주는 내 모습이 기특할 정도다.

동생은 어렸을 때 수줍음도 많고 비염 때문에 코를 늘

흘리고 다녔다. 늘 구석에서 혼자 조용히 잘 놀았고, 차분한 성격이었던지라 딱히 부모님 속 썩일 일도 만들지 않았다. 나는 그런 동생을 챙기는 일이 즐거웠다. 물론 싸우기도 했지만 누가 뭐래도 세상에서 가장 소중한 내 동생이었다.

아쉽게도 나는 그런 남동생과 떨어져 지낸 시간이 붙어 지낸 시간보다 길다. 다 같이 살다가 부모님이 한국에 들어가실 일이 생긴 그때 서로 다른 홈스테이 가족과 지내게 되면서 학교도 달랐기에 서로 볼 일이 거의 없었다. 그나마 여름 방학 때 잠깐씩 한국에 들어가는 바람에 부모님 집에서 같이 지냈다. 여느 남매처럼 싸울 때도 있었지만 마음속 깊은 곳에 동생을 향한 애틋함이 생긴 모양이다.

그렇게 우리의 학창 시절은 빠르게 지나갔고, 어느 날 눈 떠보니 동생은 어엿한 성인이 되어 있었다. 수염도 나고 키도 훌쩍 크고 제법 남자다운 기품이 생겼다.

나이 차이가 있다 보니 나는 누나로서 동생을 항상 챙겨야 한다고 생각했다. 하지만 앳된 모습이 많이 사라진 동생을 보니 기분이 이상하기도 하고 괜스레 어색함을 느끼기도 했다. 동생은 미국에서 대학교 졸업 후 바로 대학원까지 가는 바람에 여전히 자주 보지는 못했지만, 한국에 들어와 같이 지낼 때면 집이 어느 때보다 더 따듯하고 풍성하게 느껴졌다. 특별히 애교가 많거나 농담이 많지는 않았지만, 동생의 존재만으로도 너무 좋았다.

2020년 여름, 동생은 대학원을 졸업하고 내 결혼식에 참석하기 위해 한국에 들어왔다. 문득 내 결혼식 날 동생이 한마디(축사)를 해 주면 의미 있겠다고 생각해 가능하겠냐고 물어봤더니 고맙게도 흔쾌히 승낙을 해 주었다. 내가 부탁했지만 동생이 어떤 내용을 준비할는지 전혀 알지 못했다. 동생은 남편과 나에게 줄 편지를 준비했고, 결혼식에서 준비한 편지를 낭독했다. 부모님께 인사드릴 때도 울지 않았던 나를 포함

해 하객들 모두가 동생의 편지를 들으며 오열했다. 우는 내 모습을 본 동생은 편지를 읽다가 본인도 울컥했는지 잠시 말을 이어 나가지 못했다. 평소에 서로에게 표현을 하지는 않지만 동생과 내가 서로 공유하는 마음이 같다는 걸 증명하는 순간이 아니었을까 싶다. 아무튼 결혼식이 끝나고 나서 그때의 하객들은 아직까지도 하나같이 내 결혼식의 가장 인상 깊었던 순간이 동생의 편지 낭독 때라고 회자하곤 한다.

나이가 들수록 남동생 하나 잘 뒀다는 생각이 더 자주, 더 진심으로 든다. 모든 남매 사이가 우리와 같지 않다는 걸 알기에 우리 사이가 더욱 소중하다. 동생이 부끄러워할 수도 있지만, 평소 동생에게 표현을 많이 하지 않기에 이 지면을 통해 내 동생이 얼마나 멋지고 특별한 존재인지 널리 알리고 싶다. Love you bro!

19
꿀잠 자게 된 이유

이쯤이면 독자들은 내가 얼마나 예민한 사람인지 짐작을 할 것 같다. 예민한 사람답게 나는 잠귀도 정말 밝다. 자다가 밖에서 나는 소리 때문에 깨는 건 기본이고, 집 안 어딘가에서 자고 있는 강아지의 숨소리까지 들려 어디서 자고 있는지 알 수 있을 정도다. 그런 내가 이갈이를 꽤 심하게 하는 남편을 만났다.

물론 결혼하기 전에는 전혀 몰랐기 때문에, 결혼 후 매우 당황스러웠다. 자다가 '드릴 소리'가 들려 옆집에서 설마 이 밤중에 공사를 하나 싶었는데, 가만히 들어 보니 바로 내 옆에서 나는 소리였다. "드르륵 드르륵" 치아와 치아가 맞닿아 갈리는 소리인데, 자는 중에 들으면 칠판 긁는 소리처럼 소름이 돋고 신경이 곤두서서 다시 잠에 들기가 쉽지 않았다. 남편은 본인이 이를 가는 사실을 알고 있었지만 그게 정확히 어떤 소리인지 내가 녹음해서 들려주고 나서야 알았다고 한다. 예전에 맞춰 놓은 '이갈이 가드'가 있다고 해서 써 보게 했지만 아무 소용이 없었다. 가드를 쓴 채로 이를 갈기 때문에 소리는 똑같았다. 결혼 전에 알았더라면 결혼을 다시 한번 생각해 봤을 거라고 농담을 하기도 했지만, 나에게는 나름 큰 고민이었다. 안 그래도 잠들기 어려운데 드릴 소리까지 견뎌 낼 여력이 없었다.

결혼 후 첫 한 달은 뒤척임의 연속이었다. 시끄러워서 남편을 툭툭 치면 이갈이가 잠시 멈출 뿐, 잠이 다시 들 때쯤 "드르륵 드르륵" 소리가 다시 시작됐다. 그러다가 본인도 미안했는지 내가 잠들 때까지 기다렸다가 자기도 했다. 하지만 바로 옆에서 그 소리를 듣는다면 42.195km 풀 마라톤을 뛰고 온 사람이 아닌 이상 바로 깰 거라고 장담한다. 그렇다고 피곤해서 자고 있는 남편을 때릴 수도 없고 손 쓸 방법이 전혀 없었다.

그러던 어느 주말, 시댁에서 어머님과 이야기를 나누던 중에 이갈이 때문에 잠을 제대로 못 자고 있다고 말씀드렸다. 얼굴빛이 어두워진 내 모습이 안쓰러워 보였는지 남편이 평소에 여기저기 신경을 많이 쓰는 성격이라 아마 스트레스가 이갈이로 이어진 것 같다고 하시면서 기도해 주겠다고 하셨다. 솔직히 그때는 너무 지쳐 있어서 그 말을 듣고도 별 감흥 없이 집에 돌아왔다. 그렇게 일상이 시작되었고 저녁만 되면 오늘은 얼마나 잘 수 있을까 한숨부터 나왔다. 그러다 정말 신기한 일이 일어났다. 정확히 어느 순간부터인지는 모르겠지만, 남편의 이갈이 소리가 점점 희미해지기 시작했다. 분명 이갈이를 멈춘 게 아닌데 예전만큼 내 귀에 거슬리지 않는 게 놀라웠다. 잠귀가 밝은 나에게 기적 같은 일이 일어난 것이다. 증명할 방법은 없었다. 하지만 잘 자고 일어난 개운함을 꽤 오랫동안 느끼지 못한 상황이었기 때문에 뭔가 달라졌다는 건 확신할 수 있었다. '이게 가능해?' 하며 신기해하던 어느 날, 결코 우연이 아니라는 걸 깨닫게 되었다. 어머님이 기도해 주겠다고 하셨던 말씀이 생각나면서, 평소에 기도에 진심이신 어머님이 결코 가볍게 하신 말씀이 아니었을 거라는 생각이 들었다.

결론적으로, 나는 요즘 평균 8시간 정도 꿀잠을 자고 있다. 물론 남편은 여전히 이갈이를 한다. 하지만 내가 잠에 드는 순간 천사가 노이즈 캔슬링 이어폰을 씌워 주고 가는지, 이전에 열 번을 깼다면 지금은 두세 번 정도만 깬다. 물론 조금 크게 들리는 날도 있다. 하지만 그런 날은 '남편이 특히나 스트레스를 받았구나' 하고 나름 이해하게 된다.

이 모든 게 어머님의 기도 덕분이라고 생각한다. 하나님의 나라를 위해 몸을 아끼지 않고 누구보다 열심을 다하시는 어머님의 기도빨 효과를 제대로 누리고 있는 것 같다.

어머님을 통해 누군가를 위해 기도하는 힘이 이렇게 클 수 있다는 걸 알게 된 이후로 나도 중보 기도에 임하는 자세가 달라졌다. 내 기도가 누군가에게 긍정적인 변화를 줄 수도 있고 원하는 걸 이루게 할 수도 있다는 걸 몸소 체험하고 나서야 깨달은 게 부끄럽다. 하지만 나처럼 중보 기도에 대해 별 생각이 없는 사람들을 위해 솔직하게 이야기하고 싶다. 한 영혼을 사랑하는 마음으로 온 마음을 다해 기도하면 반드시 하나님께서 들으시고 예비하신 시점에 응답해 주신다. 그리고 그 기도에 대한 응답을 받았을 때 느끼는 기쁨과 은혜를 배로 누리게 될 것이라 믿는다. 나를 포함해서 모두가 중보 기도로 갑절의 하나님의 복을 누릴 수 있길 기도한다.

20
싱가포르 여행

최근까지 여행을 정말 싫어했다. 아마 타지 생활을 오래하면서 늘 생존 모드로 살아가는 것에 지쳐서 그러지 않았을까 싶다. 중학생 때는 지방에서 처음 보는 또래들과 기숙사 생활을 해야 했고, 고등학생 때는 외국인 집에서 홈스테이, 그리고 대학생 때는 1년마다 기숙사를 옮겨 다녀야 했다. 늘 새로운 환경에 적응해야 했고, 편안해질 때쯤에 또다시 짐을 싸야만 했다. 그러다 보니 나도 모르게 익숙한 곳, 같은 루틴, 내 냄새가 배어 있는 것들에 대한 집착이 생겼다. 누군가 그 익숙함을 흐트러뜨리려고 하면 발끈하거나 나도 모르게 공격적으로 반응할 때가 있을 정도였다. 내가 아니면 나를 보호할 사람이 없다고 생각했기 때문에, 내 영역을 만들어 놓고 지켜 나가려는 습성이 길러진 것이다.

또, 보수적인 아빠 밑에서 자라 친구들과 여행 한 번 못 가 봤기 때문에 여행의 매력이나 즐거움을 느껴 보지 못했다. 결국 20대 내내, 유학 생활과 여행이 다르다는 걸 알아갈 기회조차 없었고, 나이가 들수록 여행에 대한 비관적인 시선만 짙어져 갔다.

결혼할 때도 코로나 팬데믹 때문에 신혼여행을 취소했는데, 안타까워하는 주변 사람들과는 다르게 나는 전혀 아쉽지 않았다. 오히려 좋았다. 차라리 신혼집에 일찍 들어가 내 공간 속에 폭 잠겨 있고 싶었다. 다른 사람들 보기에는 자기합리화하는 것처럼 보였을 수도 있겠지만, 나는 '사랑하는 사람과 함께 있는 곳이라면, 그게 해외든 집이든 상관없이 좋아야 하는 게 아닌가'라고 생각했다.

결혼 후 1년쯤 되었을 때, 남편이 싱가포르로 출장을 가게 되었다는 소식을 전해 주었다. 껌딱지 남편은 이왕 가는 거 같이 가자고 제안했다. 아직 코로나 팬데믹으로 세상이 떠들석한 상황에서 사람들은 조금씩 여행을 다니는 분위기이긴 했지만, 생각하지도 못한 제안이라 선뜻 내키지 않았다. 그러자 남편은 싱가포르에 내가 좋아할 만한 것들을 찾아주면서 내 관심을 끌었다. 외국인들이 많이 거주하고 있는 곳이라 웰니스 트렌드(Wellness Trends)도 발달되어 있고, 유기농 식품과 세계적으로 유명하고 희귀한 건축물들, 그리고 쾌적한 쇼핑몰까지 모두 갖춘 곳이라고 하며 내 호기심을 자극했다. 또, 마침 내가 다니는 회사도 아시아 지사가 싱가폴에 있었기 때문에 오피스에도 가 보면 좋지 않겠냐며 나를 설득했다. 이 사람, 나를 어쩜 이렇게 잘 아는지 하나님께서 지어주신 짝이 분명하다. 아무튼, 그렇게 나는 못 이기는 척 회사를 핑계 삼아 한번 가 보기로 했다.

싱가포르는 도착한 순간부터 내 인생 여행지가 되었다. 이색적인 나무들과 너무나 다른 동서양의 색감이 전혀 이질감 없이, 모든 게 조화롭게 존재하는 분위기가 너무나도 매력적이었다. 학창 시절 내내 봐 오던 미국인들도 있었지만, 아시아계와 유럽인들도 가는 곳마다 보였다. 그리고 그들끼리 어울리는 모습이 평화롭고 아름다워 보였다. 계획 도시라 조금 차갑다고 생각하는 사람도 있겠지만, 덕분에 도심은 깨끗했고 군더더기가 없었다. 하지만 무엇보다 제일 신기하고 내 마음속에 깊이 자리 잡은 기억은 그곳에 있는 동안 매일 이유 없이 감사가 넘쳤다는 거다.

아침에 주님이 펼쳐 주신 하늘도, 뜨겁지만 활기가 넘치는 햇빛도, 바쁘게 출근하는 사람들 사이에서 남편과 잠깐 보내는 커피 타임도, 혼자 벤치에 앉아 점심을 해결하며 도시의 풍경을 감상하는 것도, 남편 말대로 멋진 건축물을 찾아다니며 구경할 수 있는 것도 모두 감사했다. 난생 처음으로 새로운 곳에 익숙해지는 과정이 재미있게 느껴졌다. 오히려 한 곳이라도 더 보려고 부지런히 움직였다. '아, 이런 게 여행인가? 이런 거라면 잘 다닐 수 있을 것 같다'라는 생각이 들었다. 그날 저녁에 퇴근한 남편과 현지인 식당에서 밥을 먹으며, 이곳에 조금만 더 있으면 안 되겠냐는 말을 꺼내 남편을 깜짝 놀래켰다. 꿈 같은 4박 5일의 일정 동안 점점 마음에 여유가 생기는 걸 느꼈고, 다른 여행지들도 궁금해졌다.

여행을 마치고 한국에 돌아온 후 자연스럽게 깊은 생각에 빠졌다. '뭐 때문에 이렇게 좋은 시간들을 보내고 올 수 있었던 걸까? 딱히 엄청난 걸 보거나 이벤트가 있었던 것도 아닌데, 뭐 때문에 그렇게 행복했을까? 그 행복감은 도대체 어디서 온 걸까?' 물론 남편과 함께해서 좋았던 것도 있었지만, 남편이 없는 순간들도 혼자 온전히 즐기고 왔다. 그렇다면 나에게 어떤 변화가 있었길래 그렇게 잘 지내고 올 수 있었을까? 유일하게 달라진 게 뭘까 고민하다가 크게 한

방 맞은 듯 스치는 생각이 있었다.

> '아, 그동안 내가 감사함이 부족했었구나. 싱가포르에서 소소한 것 하나 이유 없이 느껴지는 감사 때문에 커다란 솜사탕을 든 아이마냥 가는 곳마다 행복했구나. 하나님께서 부어 주신 감사함의 은혜가 이렇게 삶을 풍요롭게할 수 있구나. 감사함의 유무로 인생이 힘들게 느껴질 수도 있고, 기쁨이 가득하게 느껴질 수도 있구나.'

이것들을 깨닫고 나니 비로소 내가 타지 생활을 통해 얻은 게 얼마나 많은지 보이기 시작했다. 돌이켜 보니까, 나는 지방 기숙사 생활을 할 때 다른 배경을 가진 또래 친구들을 만날 수 있어서 웬만한 사람들과 잘 지낼 수 있게 되었다. 또, 고등학생 때 미국인 선생님 집에 지내면서 그들의 문화를 온전히 경험하며 시야가 넓어졌다. 대학생 때는 매년 다른 룸메이트와 생활하면서 내 생각의 틀이 여러번 깨지기도 했다. 이 다양한 경험들은 아무에게나 주어지지 않고 그것들이 하나씩 쌓여 나만의 무기들이 되었다. 내가 힘들게만 생각했던 유학 생활이 감사할 것투성이였다.

싱가포르 여행 덕분에 여행이 좋아졌다. 그 이후로 제주도, 양평, 여주, 런던, 홍콩, 태국을 다녀오고 앞으로의 여행 계획도 여유가 생길 때마다 틈틈히 세우고 있다. 내가 이렇게 변할 수 있게 된 유일한 이유는 감사해야 할 이유를 찾았기 때문이다. 매순간 감사를 놓치지 않는 것이 주님이 이 땅에서 우리에게 허락하신 복을 온전히 누릴 수 있는 유일한 방법이라는 걸 깨달았다. 때로는 무너져도 감사함의 은혜로 다시 일어나 주님을 바라보는 내가 되기를 다짐하며 오늘 하루도 감사로 마무리해 본다.

21
이너 뷰티는 포기 못해

영양사는 아니지만 나름 건강에 대한 나만의 기준과 철학을 가지고 있다. 꽤 오랜 시간 아팠기 때문에 그동안 건강 관련 정보를 자주 찾아봐 왔고, 최신 웰니스 트렌드(Wellness Trends)에 대한 관심도 많다. 2년 정도 비건으로 지내 보기도 했고, 글루텐 제한식, 혈당 조절식 등 안 해 본 식단도 없는 것 같다. 보통 '식단'이라고 하면 맛있는 걸 포기해야 한다고 생각하는데, 오히려 이런 식단들을 통해 내 몸에 가장 맞는 음식들을 찾아볼 수 있고, 식품 첨가물이나 화학 조미료로부터 벗어나 건강한 디톡스를 할 수 있는 기회라고 생각한다.

물론 모든 사람에게 맞는 건 아니라고 생각한다. 맛있는 음식이 큰 낙인 사람들이 주변에 많아서 건강을 위해 먹고 싶은 걸 포기했다가 더 큰 스트레스를 받을 수 있다는 걸 잘 안다. 하지만 몸 속이 건강하면 삶의 질이 정말 다르다. 찬양과 말씀이 영을 정화시켜 준다면 이너 뷰티 관리는 육을 지켜 준다. 주님이 허락하신 시간 동안 나에게 맡겨 주신 일들을 잘해 나가기 위해 건강한 몸을 유지하는 것도 내 임무라고 생각한다.

다이어트를 한 번쯤 해 본 사람들이라면 잘 알겠지만, 운동만큼 중요한 게 식단이다. 그만큼 내 몸에 어떤 음식들이 들어오는지도 건강 관리에 큰 역할을 한다는 것이다. 이제는 예전만큼 외모와 체중에 대한 강박을 느끼지 않지만, 몸에 좋은 걸 챙겨 먹다 보면 자연스럽게 살이 빠지는 걸 경험했기에 더 열심히 지켜 나가려고 한다.

나의 체크 리스트는 간단하다. 아침은 따듯한 물과 달

지 않은 음식으로 시작하고, 매 끼니마다 식사 순서(채소-단백질-지방-탄수화물)를 지키는 것이다. 식사와 식사 중간에 간식이 땡기면 얼음물에 애플사이다 비니거를 섞어 마시고, 달달한 디저트가 땡기는 날에는 정제 탄수화물이나 설탕 위주로 만들어진 음식보다 건강한 지방(견과류)이 함께 섞여 있는 디저트를 선택한다. 모두 혈당 스파이크를 피하기 위한 작은 노력들이다.

이렇게 식사를 하고 나면 식후 쏟아지는 졸음, 몽롱함, 그리고 거짓 배고픔이 사라지는 것을 경험할 수 있다. 모든 게 그렇듯이 처음에는 쉽지 않겠지만, 몸이 금방 적응하면서 오히려 자극적인 음식을 먹은 다음 날에 클린한 식단이 당기기도 한다. 매일 지키지 못해도 괜찮다. 자기 페이스와 상황에 맞게 챙기면 된다. 가장 중요한 건 내가 건강을 지켜 나가려는 이유를 항상 기억하는 것이다. 주님이 맡겨 주신 일을 하는 데 받쳐 줄 체력을 기르는 것. 만약 이너 뷰티 관리를 한 번도 해 보지 않았다면, 아침에 말씀과 따뜻한

물 한 잔으로 하루를 시작해 보자. 이 작은 습관으로 인해 또 다른 건강한 습관이 생겨날 수도 있다. 오늘부터 천천히, 내일도 빠짐없이!

22
맙소사, 중고 거래!

문득 중고 거래 플랫폼 사용자 중 신혼부부 비중이 얼마나 되는지 궁금해졌다. 별다른 어플을 사용하지 않는 내가 유일하게 자주 들여다보는 어플이라면 실제로 사용자가 어마어마하지 않을까 싶었다. 그 어플로 중고 거래의 첫발을 내딛기까지는 거래한 물건이 과연 괜찮을지, 거래 상대가 이상한 사람은 아닐지 의심이 되어 요목조목 살펴보느라 시간이 걸릴 수도 있겠지만, 한 번 해 본 사람은 금방 그 매력에 빠지는 것 같다. 버려질 수도 있는 물건을 내가 다시 살려 와서 뿌듯하기도 하고, 실제 구매가보다 저렴하게 살 수 있어서 이득을 본 것 같은 기분이 들기도 한다.

나는 주로 필요한 물건을 찾으러 들어가기도 하지만, 딱히 살 것이 없어도 마트 구경하듯 들어가 보면 괜히 우리 동네에 어떤 물건들이 나왔는지 보는 재미가 있다. 물론 나도 판매자로서 물건을 내놓기도 한다. 필요 없는 물건은 최대한 빨리 치워 버리고 싶어하는 성격이라 시세를 보고 좀 더 합리적인 가격으로 물건을 올리기 때문에 비교적 빨리 팔리는 편이다. 물건이 빨리 팔리면 나는 신이 나지만 남편은 내심 '좀 더 비싸게 팔지' 하며 아쉬워한다.

봄맞이로 옷장을 정리하다가 잘 들지 않는 가방을 발견해 잽싸게 중고로 내놨다. 몇 분 후 구매하겠다는 사람이 나타나 거래 시간과 장소를 정했다. 평일이라 저녁 시간대에 우리 동네 버스 정류장 근처에서 만나기로 했다. 그렇게 약속을 정하고 바쁜 하루가 지나갔다. 한 참 입덧을 하고 있던 때라 안 그래도 바쁜 업무가 더 버겁게 느껴졌다. 퇴근 시간이 돼서야 한숨 돌렸고 재택 근무라 바로 소파에 뻗어 버렸다. 그렇게 얼마나 지났을까. 핸드폰 울리는 소리에 깨서 정신을 차려 보니 벌써 해가 지고 어두워졌다. 내가 도대체 몇 시간을 잔 건지 가늠이 안 되었다. 핸드폰을 보니 부재중 전화가 와 있었고, 그 밑에 메시지도 잔뜩 쌓여 있었다.

구매자는 벌써 도착해서 답변이 없는 나에게 메시지를 계속 보내 왔는데, 말투가 점점 신경질적으로 변하는 걸 보니 망했구나 싶었다. 지금 당장 내려가겠다고 답변을 보내고서 마침 퇴근하고 집에 와 있는 남편을 찾았다. 그런데 하필 남편은 이미 씻으려고 화장실에 들어간 상태였다. 미안했지만 나는 도저히 나갈 수 없는 컨디션이라 대신 다녀와 달라고 부탁했고, 이미 구매자가 밑에 와 있다고 하면서 허겁지겁 옷을 다시 챙겨 입는 남편을 재촉했다.

그렇게 정신없이 남편을 내려 보내고 나서, 갑자기 혼자 웃음이 빵 터졌다. '평생 낮잠이라는 걸 모르고 살아온 나에게 방금 무슨 일이 일어난 거지?' 임신 후 많은 변화들을 통해 나에게도 실수를 받아들일 수 있는 여유라는 게 생기고 있는 것 같다. 하루하루 무거워지는 몸 때문에 힘들 때도 있지만, 어쩔 수 없는 신체 변화를 적응하는 중에 일어나는 에피소드들이 나를 전보다 둥글둥글하게 만들어 나가고 있는 것 같다.

남편이 들어오는 소리에 궁금해서 나가 봤더니, 본인도 이제 프로 당근러가 된 것 같다며 아파트 입구에 쭈뼛쭈뼛 서 있는 사람에게 큰 소리로 무작정 "당근이세요?" 하고 물었단다. 해맑게 웃는 남편의 얼굴에는 밤중에 씻으러 들어간 사람 끄집어 낸 것에 대한 짜증은 전혀 찾아볼 수 없었다. 누군가를 섬기는 건 이렇게 해야 되는 거구나 싶을 정도로 남편의 태도가 멋지고 존경스러웠다. 나 같았으면 그런 걸 까먹으면 어떡하냐고 툴툴거렸을 텐데….

소소하고 가벼운 에피소드이지만 조금만 깊게 들여

다 보면 하나님께서 기뻐하시는 삶이 어떤 모습인지 가까운 사람을 통해 보여 주시는 것 같기도 하다. 오늘도 남편에게 고마운 마음을 전하며 하루를 마무리한다.

23
마르쉐 시장

마트에서는 볼 수 없는 울퉁불퉁한 채소들, 크기가 일정하지는 않지만 고소하게 구워진 유기농 호밀빵, 주인장이 직접 수확하고 졸인 납작 복숭아 잼, 이 모든 건 내가 주말마다 찾아다니는 마르쉐 시장에서 찾아볼 수 있는 것들이다. 마르쉐 시장에서는 개인 용기를 가져 오면 할인도 해 준다. 그리고 매장 위치가 멀어서 쉽게 가기 어려운 가게들을 구경하는 재미도 있다. 무엇보다 아침부터 북적북적 각자 개성 있는 모습으로 나온 사람들, 아이들, 강아지들을 구경하고 있으면 왠지 모르게 마음이 평온해진다. 인기 있는 부스들은 일찍부터 사람들이 줄 서 있기 때문에 부지런히 움직

여야 한다.

커플들도 많지만 가족 단위로도 많이 찾아온다. 아기를 데려와 구경하는 것보다 양손이 바빠 보이는 부부, 저학년 아이들을 데려와 자유롭게 풀어놓고 여유를 즐기는 부부, 다 큰 딸이나 아들이 같이 와서 짐을 들어 주는 부부 등이 골고루 섞여 있다. 이곳에 제법 자주 오다 보니 사장님들과 나름 친분이 쌓여 제철 재료로 만든 새 메뉴 맛보는 재미가 있다. 마르쉐는 한겨울이나 한여름을 빼고 미리 공지한 일정에 따라 열리는데, 잠시나마 바쁜 도심 속 푸른 여유를 즐길 수 있어서 좋다.

마르쉐 시장 말고 종종 동네 재래시장을 구경하러 다니기도 하는데, 왜 그렇게 어릴 때는 아파트 단지 앞에 장터가 열리는 날이면 괜히 북적거리고 생선 비린내 나는 게 싫었는지 모르겠다. 지금은 젓갈 냄새도 정겹게 느껴지고 사람 사는 냄새 같아서 살 게 없어도 찾아가는데 말이다. 그때는 내 길을 가로막는 할머니들도 싫었고 분식집에서 나는 기름 냄새도 거슬렸다. 야채 가게 아저씨는 왜 그렇게 소리를 지르시는지, 시장을 통과해야만 단지를 나갈 수 있었기 때문에 어쩔 수 없이 모두 마주쳐야 했다.

"어릴 때는 다 그렇지, 시장이 뭐가 재밌겠어"라고 할 수도 있을 것 같다. 그만큼 나는 소소한 일상과 주어진 하루에 대해 감사할 줄 몰랐다. '시장'이라는 주제로 이야기가 너무 진지해지는데, 이 얘기는 꼭 남기고 싶다. 나는 무려 30대 초반까지 주변을 그닥 감사한 시선으로 보지 못했다. 볼 줄 모르기도 했지만, 솔직히 일부러 보지 않은 면도 있었다. 그러다 남편을 만나 일상에 대한 감사의 중요성과 거기서부터 비롯되는 영적인 힘에 대해 알게 되었고, 매일 그 힘을 기르려고 발버둥 치고 있다. 나의 자아를 무너뜨리고 말씀 안에서 다시 일어나는 과정이 결코 쉽지는 않지만, 주님은 주님 말씀에 순종하면 반드시 복을 주신다고 약속하셨기에 그 약속을 믿고 한 걸음 한 걸음 나아간다.

결국 이야기의 마무리는 남편이 될 것 같은데…. 하나님은 남편을 통해 크고 작은 방법들로 오늘도 나 자신을 들여다보게 하신다. 이로써 우리 부부가 하나님의 철저한 계획에 의해 만났고, 남편이 내 진정한 반쪽임을 확신할 수 있다. 앞으로 우리가 더 영적으로 하나 되면서, 눌림이 아닌 누릴 줄 아는 부부가 되어 갈 모습이 사뭇 기대되며 감사하다.

Part 4.

산골 고개 사는 꾸꾸네

24
꾸꾸에게

지금 이 순간에도 무럭무럭 자라고 있을 꾸꾸야,

아직 별말 하지도 않았는데, 꾸꾸를 생각하면 세상에서 가장 큰 선물을 받은 것 같아 자꾸만 눈물이 나.

엄마가 된다는 게 이렇게 행복하고 복된 일일 줄이야. 엄마는 꾸꾸가 완두콩보다 작은 점이었을 때도 얼마나 신기하고 설레던지, 그 작은 심장 소리를 처음 듣고 온 날에는 신기해서 하루 종일 꿈을 꾸고 있는 것만 같았어.

초음파로 손가락 발가락이 동그랗게 튀어나온 너를 본 날에는 조금 더 오래 보고 싶어서 의사 선생님께 괜히 쓸데없는 질문도 했는데, 혹시 들렸니?

엄마가 사실 입이 짧아서 너를 만나기 전에는 편식이 심했는데, 네가 튼튼하고 건강하게 크는 게 더 중요하니까 평소에 안 먹던 것도 얼마나 열심히 챙겨 먹고 있는지 몰라. 꾸꾸 입맛이 고급인지, 요즘에는 소고기만 들어가서 아빠가 살짝 긴장하는데, 그래도 우리 같이 맛있게 먹자.

겨울에 만날 꾸꾸를 기다리며 아빠는 요즘 매일 저녁 엄마를 앉혀 놓고 태교로 성경 말씀도 읽어 주고 있어. 우리 꾸꾸 신나게 수영하면서 잘 듣고 있으면 좋겠다. 엄마도 엄마는 처음이라 아직 모르는 게 많아서 실수도 하고 네가 왜 우는지 몰라서 같이 우는 날도 많을 거야. 하지만 하나씩 배워 나가면 점점 나아질 거야.

앞으로 엄마가 너에게 가르쳐 줄 것도 있겠지만, 꾸꾸는 하나님이 엄마한테 보내 주신 특별한 아이라 왠지 꾸꾸를 통해 엄마가 배울 게 더 많을 것 같아. 그래서 엄마는 꾸꾸 말에 항상 귀 기울이고 꾸꾸가 커 가는 과정을 누구보다 응원하며 지켜볼 거야.

엄마도 겨울에 태어났는데, 앞으로 우리의 겨울은 더욱 포근해지겠다.

그날을 기대하며, 엄마가.

25
산골 고개의 아침

아침에 눈을 뜨면 침실 창문 사이로 새벽빛이 살포시 들어온다. 이 고요한 푸른빛을 팔레트에 담을 수 있으면 얼마나 좋을까. 보송한 하늘색과 맑은 회색이 오묘하게 섞인 분위기 덕에 정신이 잔잔하게 맑아진다. 이것 때문에라도 꾸준히 해가 뜨기 전에 일어나게 된다. 몇 년 전까지만 해도 그저 아침에 기분 좋게 일어나는 게 소원이었는데, 이제는 일상이 되어 매일 기적을 맞보고 있다.

나는 오랫동안 허열과의 싸움으로 밤새 잠을 제대로 자지 못해 늘 짜증으로 일그러진 얼굴로 하루를 맞이

했다. 위를 찌르는 통증과 신경을 파고드는 고통 때문에 새벽 두세 시가 돼서야 겨우 잠들었다. 남편은 그런 나를 살피면서 내 눈치를 보기 시작했고, 많은 경우 우리의 아침은 그다지 평화롭지 않았다. 어떤 날은 창밖을 보며 열감이 내려가기까지 남편과 한마디도 하지 않았다. 아마 내 깊은 한숨이 남편의 속까지 답답하게 옥죄지 않았을까. 그때는 하나님이 왜 이런 시간들을 나에게 주시는지 매일 하늘에 물음표를 잔뜩 던졌다. 물론 지금도 완벽하게 이해하지는 못하지만, 적어도 그런 시간들이 있었기에 내가 하나님과 '대화'라는 것을 시작하게 되었고, 하나님이 그 시간들을 통해 글을 쓸 수 있는 소재들을 주셨다고 생각한다.

지금은 다행히 완벽하게 숙면을 취하고, 몸도 마음도 은혜로 충전된 상태에서 일어난다. 주일날 목사님께서 종종 사람의 몸은 하나님이 창조하셨기 때문에 말씀과 은혜로 채워져야 비로소 온전해지고 제 구실을 한다고 말씀하셨는데, 사실 내가 직접 체험할 때까지는 그 말이 무슨 말인지 잘 와닿지 않았다. 게다가 말은 쉬워도 실제 일상생활에서 잊어버리기가 너무 쉽다. 보통 하루를 힘들게 보내고서 지칠 때면 맛있는 음식이나 좋아하는 소셜 피드를 보면서 아무 생각 없이 잠들기 마련인데, 그러면 다음 날 아침 피곤이 풀리기는커녕 오히려 어딘가 찌뿌둥하고 예민해졌다.

'왜 이렇게 몸이 무겁지? 요즘 컨디션이 안 좋은가? 비타민을 더 챙겨 먹어야 하나?' 하며 피로회복제 후기들만 쉼 없이 찾아보는 날들도 많았다. 나 같은 사람들이 의외로 많아 보였다. 처음에는 이유 없는 피로감이나 무기력함을 호소하는 나랑 비슷한 얘기들이 나오니까 거기에 집중을 했었는데, 끝으로 갈수록 제품 광고 냄새가 나서 바로 나와 버렸다. 그렇게 얼마나 많은 시간을 낭비했는지 모른다.

이대로는 안 되겠다 싶어 살기 위해 무릎을 꿇었다. 처음부터 이 방법을 선택했다면 좋았겠지만 나는 아직 나약한 존재라 오랜 시간 돌고 돌아온 끝에 말씀 앞에 엎드렸다. 평온한 잠을 허락해 주시는 주님께 온전한 쉼을 구했다. 나의 모든 생각을 아시는 주님께 내 마음을 요동치게 하는 것들을 잠재워 달라고 했다. 기도가 나오지 않는 날에는 찬양을 틀어놓고 그저 그 순간에 머물렀다. 가사가 들리든 안 들리든 내 몸을 찬양 선율에 맡겼다. 처음에는 아무런 변화를 느끼지 못했지만 믿음을 가지고 꾸준히 그 루틴을 지켰다.

하나님은 우리가 이겨 내지 못할 일은 결코 허락지 않으신다는 말씀이 맞는 게, 하나님은 내가 어떤 계획을 세우거나 목표를 세우면 그 지점을 향해 꾸준히 달려가는 달란트를 주곤 하셨다. 정확히 몇 달이 지났는지 기억이 나지는 않지만, 어느 순간부터 정말 편안한 잠을 잤다는 걸 느낄 수 있을 정도로 개운하게 일어나기 시작했다. 그렇게 나의 저녁 루틴은 자연스럽게 자리 잡았고, 재미있는 영상을 보다가도 잠들기 직전에는 무조건 주님과 일대일 시간을 보내었다.

한 가지 짚고 넘어가고 싶은 부분은, 내가 매일 각 잡힌 정식 예배를 드리거나 아주 길게 말씀을 묵상하지는 않는다는 것이다. 세상에 재미있는 게 얼마나 많은지 모른다. 아직 갈 길이 멀다. 하지만 반드시 지키는 건, 잠들기 전 마지막 생각을 주님께 드리고 속으로 오늘 하루에 대해 감사 기도를 한다. 그러다 보면 어느새 잠이 든다.

이렇게 말씀으로 하루를 마무리하며 은혜로 포근해진 이불에 묻혀 깊은 잠에 빠졌다가 일어나면 평화로운 산골 고개의 아침을 맞이하게 된다. 늘 비슷한 시간대에 일어나기에 매일 내가 좋아하는 색감들을 보여 주시는데, 그럴 때마다 나도 모르게 입가에 미소가 지어진다. 거실로 조용히 나와 창문을 활짝 열고 첫 공기를 마시는데, 그 순간만큼은 세상의 모든 아침을 내가 다 가진 기분이다. 글을 쓰는 이 순간에도 내일 아침이 기다려진다. 나에게도 과연 이런 날이 올 수 있을까 상상만 했었는데, 지금 그런 삶을 살고 있다니! 나의 작은 신음 소리도 놓치지 않으시는 주님이 내 중심에 계시기 때문이지 않을까.

이런 아침을 더 많은 사람들과 공유하고 싶어서 이 이야기를 나누게 되었다. 쉽지 않겠지만 한 달 동안 도전해 보기를 추천한다. 분명 무언가 다르다는 걸 느낄 거라, 단순히 꿀잠을 넘어서 인생이 바뀌는 걸 경험하게 될 거라 믿는다.

26
다 갖지 못해도 살 만한 이유

세상에는 예쁜 게 너무 많다. 오늘 예쁜 걸 봐도 내일 또 예쁜 게 있고, 그다음 날에도 예쁜 걸 또 발견한다. 과거에 나는 끝없는 소비 욕심의 굴레에 쉽게 빠져들었었다. 또, 갖지 못했을 때 기분이 언짢아지는 나를 발견하곤 했다. 그렇다고 가지게 되었을 때 그 만족감이 오래 가지는 못했다. 희열은 그때뿐이지 금방 허무해지고 다른 것에 눈이 갔다. 그 당시에 돈을 많이 벌고 싶었던 이유는 내가 갖고 싶은 것들을 마음껏 사고 싶어서였다. 물론 헌금도 하고 기부도 했지만, 내 소비의 목적과 중심은 늘 내 만족이었다.

그러다 어느 주일날 방글라데시에서 사역하시는 한 선교사님이 청년부 예배 때 오셔서 말씀을 전해 주셨다. 그곳의 생활과 사진들을 보여 주시면서 어떤 사역을 하시고 계신지를 나누어 주셨다. 그곳의 아이들은 깨끗한 물이 없어서 필터를 써도 여전히 흙탕물인 더러운 물을 먹고 비포장 도로에서 맨발로 뛰어 놀았다. 옷은 겨우 몸을 가리는 정도로만 걸치고 있었는데, 주일 예배를 드리는 모습이 누구보다 행복하고 풍족하게 보였다. 부족함이나 생활고로 인한 불만 있는 얼굴은 그 누구의 얼굴에서도 찾아 볼 수 없었다. 아무것도 없는데 모든 걸 가진 듯한 표정은 어떻게 나오는 건가 싶었다.

그러다 선교사님의 한 말씀이 내 마음을 완전히 무너뜨렸다. 방글라데시 아이들이 저렇게 해맑게 웃을 수 있는 이유는 오직 주님께 시선이 고정되어 있기 때문이라고 하셨다. 주변의 것들에 시선을 빼앗기지 않고 모든 것을 채워 주시는 하나님을 바라보기 때문에 얼굴에서 빛이 난다는 것이다.

나보다 한참 어린 아이들이 하나님의 사랑을 더 누리고 있는 모습을 보니 여러 감정이 교차했다. 내 신앙생활과 가치관에 대해 돌아보는 계기가 되었다. 평소에 선교 관련 말씀이나 영상을 볼 때와는 다르게 와닿았다. 아마도 선교와 관련해서 하나님께 방법을 구하던 중, 내가 나만의 방법으로 드디어 선교에 참여할 준비가 되어 평소와 다르게 성령님께서 감동을 주신 것 같다. 그날 예배를 마치고 바로 목사님께 연락을 드려 소소하게 출판을 준비하고 있는데 수익금을 방글라데시에 계신 그 선교님께 보내 드리고 싶다고 말했다. 내가 생각을 바꾸거나 물러서지 않도록 일종의 선포를 한 셈이다. 목사님과 이야기를 마치고 마음에 평안과 기쁨이 가득 차는 것을 느꼈다. 책에 대한 수익금을 받지 않았어도 벌써 부자가 된 것 같았고, 앞으로 하나님께서 나를 통해 어떤 일들을 펼쳐 나가실지 설레었다. 시작은 미비해도 주님께서 예비하신 일

끝에는 반드시 승리가 있음을 믿기에 나는 묵묵히 걸어가기만 하면 된다.

27
햇살이 잘 들어오는 집

돌이켜 보면 나는 대학교 시절 기숙사에서 지낼 때 커튼을 열고 지낸 적이 거의 없다. 늘 조금 어두운 방을 선호했고, 창문을 가끔 열긴 했지만 날씨가 좋든 나쁘든 룸메이트가 커튼을 열지 않는 한 내가 직접 커튼을 활짝 열지는 않았다. 햇빛이 환하게 들어오는 방이 싫었다. 나의 그런 태도는 그 당시 나의 심리 상태를 보여 주었다. 겉으로 보기에는 단단하지만, 나만 알고 있는 나의 나약한 모습을 들키고 싶지 않아서 최대한 숨기려고 혼자 있을 때는 동굴로 숨어 버렸다.

주님 앞에서 떳떳하지 못한 모습도 꽁꽁 숨기고 싶었

고, 거울 속에 비친 만족스럽지 않은 내 모습에서도 탈피하고 싶었다. 방이 어두우면 내가 좀 덜 보이니까 본능적으로 빛을 피했던 것 같다. 뿐만 아니라, 얇고 약한 피부 때문에 강렬한 햇빛 아래 오래 있기도 힘들었다. 금방 빨게지기도 하고, 너무 오래 있으면 달걀 껍질 까듯 솔솔 벗겨지기 때문이었다. 이래저래 햇빛을 피하는 핑계가 한둘이 아니었다. 그래서 놓친 아름다운 순간들이 너무 많았다.

대학생 때 내가 있었던 워싱턴 디씨는 봄에는 벚꽃, 여름에는 푸른 하늘이 정말 아름답기로 유명한데, 졸업할 때까지 4년 내내 그 광경을 거의 보지 못하고 실내에서 보내는 시간이 대부분이었다. 학기 중에는 학업과 나를 어떻게 하면 잘 포장할까에 대한 생각으로 분주했고, 매 방학마다 이력서를 채울 인턴십을 하나라도 더 찾기에 바빴다. 지금 생각해 보면, 내가 원하는 내 모습을 만들어 가는 데 온 정신이 팔려서 주님이 만드신 아름다운 세상을 누리지 못한 것 같다. 하지만 덕분에 이제는 나에게 주어진 앞으로의 시간이 그만큼 더 소중하다.

내가 지금 살고 있는 집에는 사방에서 햇살이 쏟아져 들어온다. 부엌에 있는 큰 창을 통해서도 들어오고 거실의 통창을 통해서도 들어온다. 아침마다 남편 서재도 햇살로 가득하고 새벽이 지난 이른 아침에는 침실도 환하다. 햇빛을 그렇게 싫어했던 내가 이제는 아침만 되면 블라인드부터 올리기 바쁘고, 매일 아침 하늘에서 우박이 떨어지지 않는 이상 아침 공기를 마시며 밖을 걷는다. 적당히 해가 떠오른 하늘 아래 자연광을 받으며 한 발 두 발 앞으로 나아가는 내 모습이 좋고 나의 행복 지수를 올려 준다. 공복 유산소를 마치고 나면 몸도 가벼워져 하루의 시작이 더 가뿐해져서 매일 아침이 기다려진다. 언제부터 내가 이렇게 변했는지 정확히는 모르지만, 말씀을 가까이하면서 주님이 이 땅에서도 누릴 수 있는 작은 천국을 만들어 주셨다는 사실을 마음으로 깨닫고 나니 세상이 조금 다르게 보이기 시작했던 것 같다.

물론 매일 좋은 컨디션과 상쾌한 하루의 시작을 맞이하면 좋겠지만, 그러지 못할 때가 더 많은 게 현실이다. 하지만 나에게 큰 허들이었던 햇빛과 친해지면서 많은 것들이 바뀌어 주님이 왜 태초에 빛을 먼저 창조하셨는지 너무나도 명쾌해졌다. 끊임없이 빛으로 나아가라(요 3:19)는 말씀을 왜 하셨는지도 이해되고, 이 말씀에 늘 순종하는 내가 되고 싶다. 이런 마음을 먹을수록 원수는 나를 더 교묘하게 끌어내리려고 안간힘을 쓰겠지만, 주님은 한 번 빛으로 나온 자에게 그에 대응할 수 있는 무기를 주신다고 생각한다. 아무 보잘것없는 적에게 쉽게 지고 싶지 않기에, 주님이 주신 창과 방패를 들고서 더욱 대담하게, 더욱 당차게 나아가는 내가 될 수 있기를 기도한다.

28
태어나길 잘했어

나는 남편을 만나고서 처음으로 내가 태어나길 잘했다는 생각을 하게 되었다. 시간이 지날수록 내가 남편의 사랑을 듬뿍 받고 있는 여자라는 걸 깨닫고 있다. 남편은 워낙 선한 성품을 가지고 있어 주변에 좋은 사람도 많고 사회생활도 참 잘하지만, 그것과는 별개로 사랑하는 사람에게 애정이 많은 사람이다. 남편은 내가 가는 곳마다 안전한지 살피고 먹는 것마다 입에 맞는지 물어본다. 독립적인 생활이 익숙한 나에게 남편의 관심이 때로는 어색하고 귀찮을 때도 있지만, 남편은 내가 미처 나를 살피지 못했던 구석까지 챙겨 주는 사람이 있다는 게 얼마나 큰 행복인지 깨닫게 해 줬다. 남편 덕분에 내가 모르고 있던 나의 결핍까지 채워지면서 더 온전한 사람이 되어 가고 있다.

더 감사한 건, 남편을 통해서 하나님의 사랑에 관해 새로운 관점이 생겼다는 것이다. 나와 다르게 남편은 고조가 없는 사람이다. 바빠도, 스트레스 받는 일이 있어도 나를 대할 때는 아무 일 없었다는 듯이 늘 한결같이 자상하다. 4년이 지난 지금도 변함이 없고 심지어 둘 다 근무 환경이 자유로운 회사를 다녀서 함께 재택하는 날이 잦은데, 남편은 일 때문에 나한테 화풀이한 적이 단 한 번도 없다. 일을 하다 보면 내 의지와는 다르게 짜증 날 이유가 많은데도 말이다. 하루는 남편이 옆방에서 미팅을 하며 팀원에게 언성을 높이는 게 들려서 미팅이 끝난 후 슬금슬금 눈치 보며 기분을 살피러 다가갔는데, 남편은 별거 아니라면서 활짝 웃으며 오히려 내 업무가 방해가 되지는 않았는지 되물었다.

남편과는 반대로, 나는 일이 잘 풀리지 않는 날이면 화가 잔뜩 나서 하루 종일 씩씩거리고 영문도 모르는 남편한테 짜증을 내곤 한다. 그럴 때마다 남편은 내 답답함이 풀릴 때까지 다 들어 주고 유익한 조언을 해 주기도 한다. 어떻게 그렇게 다 받아 주는지 물어보면, 그냥 사랑하는 사람이니까 자기가 해 줄 수 있는 게 뭐가 더 있겠냐고 대답했다. 솔직히 심쿵 멘트였다. 결론적으로, 남편은 나보다 그릇이 크고 온전한 사랑이 뭔지 아는 사람인 듯하다.

남편의 사랑이 이 정도로 완전하다고 느끼는데, 과연 하나님의 무조건적인 사랑은 얼마나 더 위대할까? 내가 철없이 굴어도 깨닫고 돌아오기를 기다려 주시는 하나님의 사랑은 얼마나 더 단단하고 큰 걸까? 내가 그 사랑을 값없이 받고 있다니! 이 엄청난 진리를 받아들이고 매일 기억한다면 그 어떤 것에도, 그 누구에게도 집착할 일이 없고 건강한 자아가 형성될 수밖에 없을 것 같다. 사실 내가 주님을 위해 할 수 있는 가장 큰 일은 바로 이 사랑을 깨닫는 일이다. 우리는 기도할 때, 보통 주님께 쓰임받고 영광 돌릴 수 있는 사람이 되게 해 달라고 기도한다. 하나님은 내가 지구상에서 가장 위대한 사람이 되는 것보다 내가 복음을 온전히 누릴 줄 아는 사람이 되는 것을 더 기뻐하시는데 말이다.

주님, 제가 생각하는 저의 영광스러운 모습을 주님께 올려 드리는 것이 아니라, 주님께서 필요로 하시는 영광을 돌려 드리는 사람이 되도록 도와주세요.

29
빨래를 하는 만큼

나는 "위잉 위잉" 거리며 도는 세탁기를 보고 있으면 속이 다 시원해진다. 그래서일까? 빨래가 귀찮았던 적은 한 번도 없는 것 같다. 오히려 햇빛 아래 살균될 옷감을 생각하면 마음까지 뽀송해져, 양이 어느 정도 쌓이면 빨래가 얼른 하고 싶어진다. 나는 깨끗해지는 옷도 좋지만 빨래하는 행위 자체를 좋아한다. 어제의 냄새와 흔적이 사라지고 내가 좋아하는 세제 냄새가 옷감을 살포시 감싸 주면서 빳빳해지는 게 참 좋다. 특히 외출하고 와서 겉옷에서 냄새가 나거나 뭐가 묻었으면 바로 세탁기를 돌리는데, 다음 날이 되면 무슨 일이 있었냐는 듯이 내가 다녀온 곳, 내가 먹은 것에 대한 흔적이 사라지는 것이 좋기 때문이다.

이렇게 겉모습을 깨끗하게 유지하기 위해 빨래를 자주하면서, 내 마음의 공간은 얼마나 들여다보는지 누군가 나에게 물어본다면 과연 자신 있는 대답을 할 수 있을까? 하루에도 수십 번 주님이 기뻐하지 않으시는 생각들이 마음을 더럽히고 있다. 그 공간을 얼마나 깨끗하게 유지하려고 노력하는지, 그저 주일 예배 때 잠깐 회개 기도를 통해 이 정도면 됐다고 생각하지는 않는지 다시 한번 생각해 보게 된다. 하루 중에 가장 중요하게 여겨야 할 주님과 보내는 시간은 조금만 바빠지거나 귀찮아지면 쉽게 놓치면서, 빨래는 아무리 피곤해도 절대 잊지 않고 하니까 말이다.

어떻게 하면 잊지 않고 빨래를 하는 만큼 말씀도 자주 보게 될까 고민하다가, 세탁기 바로 옆에 말씀 카드를 두고 보기 시작했다. 세탁기로 갈 때마다 자연스럽게 접하는 말씀 카드를 매일 넘기며 잠깐이라도 묵상하는 시간을 자연스럽게 갖게 되었다. 그렇게 한 번 두 번 하다 보니 하루 5분 정도, 잠시 하던 일을 멈추고 아침에 기도하는 시간을 갖게 되었다. 사람들은 보통 좋은 습관이 만들어지기까지 큰 결심과 동기 부여가 필요하다고 생각하는데, 생각보다 쉬운 방법들로 하나씩 만들어 나갈 수 있다. 이렇게 내가 매일 하기 좋아하는 것 또는 매일 지나다니는 동선에 말씀 카드를 놓아 보자. 나의 작은 노력을 통해 주님께서 큰 은혜를 주실 거라 굳게 믿는다.

30
뭐든 잘될 거야

엄마가 되어 가는 과정은 주님께서 허락하신 최고의 복을 누리는 시간과도 같다. 여자의 몸을 어찌나 정교하게 지으셨는지 매번 산부인과에서 초음파를 볼 때마다 내 작은 배 속에서 하나의 생명을 키울 수 있다는 게 잘 믿기지 않았다. 조금씩 커 가고 있는 작은 생명체를 보고 있으면 기분이 이상하고, 감사하기도 하면서 여러 감정이 섞여 하나의 감정으로 표현하기가 어렵다.

임신 사실을 알게 되고 출산 휴가를 최대한 알차게 보내기 위해 몇 가지 하고 싶은 것들을 적어 내려갔다.

그중에 교회에서 진행하는 교육 과정 중에 '어머니학교'가 있었고, 역시 놀라운 주님의 타임 라인답게 무심코 찾아보다가 차주에 시작하는 회차가 있음을 발견했다. 교회에서 이런 좋은 프로그램들이 자주 진행되고 있음에도 요일과 시간이 정해져 있어서 시간 맞추기가 생각보다 쉽지 않았기에, 조금도 망설임 없이 얼른 등록하고서 설레는 마음으로 기다렸다. 내심 아이를 키움에 있어서 멘토 같은 사람도 만나고 내 또래 예비 엄마나 아가 엄마들을 사귀고 싶어서 어머니학교가 기대됐다.

어머니학교는 내가 생각했던 것보다 훨씬 풍성했다. 무엇보다 나에게 있어 약한 표현력, 마음 나눔, 사랑의 언어에 대해 돌아보는 시간이 많았다. 내 자신을 위한 나를 아끼는 방법, 남편을 위한 아내의 역할, 아이를 위한 엄마의 역할을 다루면서 5주 동안 하나님 안에서 건강한 여자로 살아가는 모습이 어떤 것인지에 대해 배웠다. 또래 엄마들도 만나고 친엄마 같은

리더분을 만나게 되어 내 안에 쌓인 아픔들을 많이 풀어낼 수 있었다. 가장 놀라운 건, 나만 아픈 게 아니라 모두들 각자의 상처와 짐이 내가 상상한 것 이상으로 가득했다는 거. 누가 더 아프고 말고의 문제가 아니라, 각자의 상황이 너무 달라 듣는 것만으로도 가슴이 아렸다. 그럼에도 불구하고 모두 한자리에 모여 눈물로 기도하고 서로 응원하고 사랑하는 마음으로 감싸 안아 주는 모습이 너무 아름다웠다. 다양한 연령대의 엄마들이 한자리에 모여 하나님이 보내 주신 가정을 최선을 다해 꾸려 나가려는 갈망과 열정이 그 어느 능력이나 커리어보다 멋져 보였다.

주님은 진정으로 우리의 상처와 무너짐을 통해서도 늘 일하신다는 것을 재차 확인하게 되었다. 또, 우리가 부끄럽게 생각했던 것들로 우리를 빛나게 해 주시며 변화시켜 주심을 깨달았다. 주님의 포도나무 옆에 붙어 있기만 하면 주님이 보살펴 주신다는 것을 되새기며, 곧 세상에 나올 나의 첫 아이를 맞이할 준비를 할 생각이다. 뭐든 잘될 거라 믿는다.

31
네가 사랑스러운 20가지 이유

꾸꾸를 임신하고 성경에서 가르치는 엄마의 모습을 갖추고 싶어 교회에서 운영하는 '어머니학교'에 등록했다. 내가 임신 사실을 알게 된 후 가장 잘한 일 중 하나라고 생각한다. 여러 가지 활동을 통해 나를 여자로서, 아내로서, 그리고 엄마로서 주님이 만드신 모습대로 들여다보는 시간들이 매우 유익했다. 그중에 내가 남편을 사랑하는 20가지 이유를 적고 남편에게 읽어 주는 숙제가 있었다. 조금 부끄러웠지만, 남편은 다 듣고 나서 나를 꼭 안아 주었다. 그 순간이 너무 포근했기에 평생 기억하며 자주 보고 싶어서 남겨 두려고 한다.

- 내가 어떤 말을 하든 늘 한결같이 바라봐 주고 사랑해 줘서
- 내가 눕는 잠자리를 항상 반듯하게 정리해 줘서
- 사람 많은 모임에 가더라도 내가 잘 있는지 살펴봐 줘서
- 무심코 지나가며 얘기했던 내가 갖고 싶어 하는 소소한 것들까지 기억해 줘서
- 무슨 일이 있어도 주일을 지켜 줘서
- 내 동생을 마치 자신의 소중한 친동생처럼 대해 줘서
- 연하 같지 않은 속 깊은 연하남이라서
- 어른들을 공경할 줄 아는 사람이라서
- 더 멋진 남편, 더 자랑스러운 사위가 되기 위해 성실하게 살아 줘서
- 아빠가 될 생각에 설레는 마음을 자주 표현해 줘서
- 늘 내가 먹고 싶은 걸 우선으로 여겨 줘서
- 바빠도 내가 피곤할 때면 나보다 빨래를 더 잘 정리해 줘서
- 하나님을 두려워할 줄 아는 사람이라서

- 서로의 커리어를 더 나은 방향으로 나아갈 수 있게 함께 고민해 줘서
- 임신 사실을 알게 된 후 모든 행정 처리와 필요한 준비물들을 깔끔하게 정리해 줘서
- 자라 온 배경이 달라 서로 의견 차이가 있어도 내 생각을 진심으로 존중해 줘서
- 건강 식단을 좋아하는 나를 따라 가공식품 섭취를 많이 줄여 줘서
- 퇴근 후 피곤해도 짜증 한 번 안 내고, 상냥하게 내 하루는 어땠는지 물어봐 줘서
- 속상한 날, 내 눈물이 멈출 때까지 내 옆을 조용히 지켜 줘서
- 내 방긋 웃는 모습을 보면서 세상을 다 가진 사람처럼 행복해해 줘서

20가지 크고 작은 이유를 모아서 이 세상에 사는 동안 함께 작은 천국을 만들어 나갈 수 있는 배우자를 보내 주신 주님, 감사합니다.

Part 5.

지금은 보이지 않아도

32
오늘도 살아가는 이유

'어머니학교'에서 남편이 사랑스러운 이유 20가지를 적은 후, 내 아이가 사랑스러운 20가지 이유도 적어 보라고 했다. 아직 임신 중이라 아이의 성향에 대해 아는 것도 없고 함께한 순간들이 없었기에 아이가 사랑스러운 이유를 20가지나 적어야 한다는 게 쉽진 않았다. 그래서 대신 임신을 통해 내가 겪은 것들과 앞으로 다가올 시간들을 상상하며 적어 보았는데, 적다 보니 감사할 것들이 너무 많았다.

· 엄마가 성장할 수 있게 긍정적인 자극과 희망을 줘서
· 엄마의 도톰한 입술을 닮은 것 같아서

- 아빠를 행복하게 해 줘서
- 엄마가 입덧과 소화 불량으로 잘 못 먹어도 쑥쑥 커 줘서
- 귀엽고 예쁜 여자아이 옷들을 구경하게 해 줘서
- 나중에 엄마가 아끼는 것들을 물려줄 수 있어서
- 활발하고 씩씩한 태동으로 존재감을 확실하게 드러내 줘서
- 아빠가 계속 발전해 나갈 수 있도록 목표를 갖게 해 줘서
- 아직 별 문제 없이 엄마의 작은 배 속에서 잘 버티고 있어 줘서
- 이 시점에 엄마와 아빠에게 와 줘서
- 엄마가 잘 먹지 못하던 소고기를 좋아하게 만들어 줘서
- 어머니학교를 시작하게 해 줘서
- 우리 집 첫 손녀로 모두에게 기쁨을 안겨 줘서
- 아빠의 콧대를 닮은 것 같아서
- 배 속에서 엄마를 일찍 깨워 새벽 기도에 참여하게 해 줘서

· 지어 주고 싶은 딸 이름이 있었는데, 딸로 찾아와 줘서
· 앞으로 우리 가족의 작은 천국이 어떻게 만들어져 나가게 될는지 상상하게 해 줘서
· 손 잡고 여행 다니며 함께 펼쳐 나갈 삶을 꿈꾸게 해 줘서
· 아침마다 걸으며 주님이 만드신 하늘과 땅을 함께 누려 줘서
· 말씀대로 키우고 싶은 마음에 아빠와 엄마가 주님 안에서 더욱 하나가 되게 해 줘서

내가 오늘도 살아가는 이유는 주님께서 주신 시대적 사명을 따르기 위함이다. 지금 내게 맡겨진 사명은 주님께서 주신 아이를 사랑과 긍휼함으로 키우는 것이다. 남편과 내가 만나 주님이 주신 아이와 함께 꾸려 가는 작은 가정 속에서 차곡차곡 쌓일 추억들 때문에 앞으로 더더욱 살맛이 날 것 같다.

아가, 잘 부탁한다!

33
아파도 괜찮아

그동안 나는 내가 거식증, 폭식증, 우울증을 겪었다는 사실이 가장 큰 콤플렉스(complex)였다. 지금까지 꽁꽁 숨겨 둔 나의 어두운 시간들에 관한 이야기는 무덤까지 가져갈 생각이었다. 겉으로는 티가 많이 나지 않았는지 부모님조차 내가 이 얘기를 꺼냈을 때까지 이런 내 상태를 눈치채지 못하셨다. 그리고 그때는 거식증이나 폭식증이라는 주제 자체가 수면 위로 많이 올라오지 않았기 때문에, 주변 사람들도 그저 내가 살이 빠지거나 찌는 줄로만 알았을 것이다. 우울증은 조금 다른 이야기이긴 하지만, 오랜 시간 부모님은 내가 우울증이 있다는 사실을 받아들이지 못하셨다. 그래서

도움받을 방법을 찾아볼 생각은 전혀 하지 못하고 그저 아프지 않은 척해야 한다고만 생각했다. 내가 아프다는 사실을 사람들이 알게 되면 나를 바라보는 시선이 좋지 않거나 달라질까 봐 나도 모르게 밖에서는 더 활발한 척, 밝은 척하고 아무도 없는 공간으로 돌아오면 끝이 없는 블랙홀로 빨려들어가 울다가 잠들었다.

아픈 건 죄가 아니다. 부끄러워할 필요도, 숨길 필요도 없다. 오히려 더 빨리 빠져나오기 위해서는 아프면 아프다고 말하고 치료를 받는 게 맞다. 몸이 아픈 것뿐만 아니라 마음이 아파도 마찬가지다. 옛날에 어른들은 마음이 아프면 "기가 허해져서 그렇다", "정신력이 약해서 그렇다"라며 조금 다르게 받아들였지만, 지금은 그런 시대도 아니고 그렇게 대했을 때 결국 좋은 결과물로 이어지지 않는 걸 흔히 볼 수 있으므로 생각을 바꿔야 한다. 나 또한 내가 숨겨 온 이야기들을 상담사 또는 교회 친구들에게 털어놓으면서 치유의 시간들을 경험했고 오히려 많은 지지를 받았다. 과

거의 모습에서 새 피조물로 거듭나는 과정이 꽤 길고 쉽지 않았지만, 결론적으로 하나님이 모든 것을 합력하여 선을 이루신다는 말씀이 맞다.

내가 아팠던 시간들 때문에 오히려 지금 나와 비슷한 상황에 놓여 있는 남들을 도울 수 있게 되었다. 그때는 몰랐지만 앞으로도 주님이 주관하시는 사역에 쓰임받게 될 것 같아 감사하다. 주님은 감히 내가 상상할 수도 없는 계획을 가지고 계신다. 그러니까 아파도 괜찮다. 주님이 우리와 함께하시고, 다 고쳐 주시고, 반드시 사용하시기 때문이다.

34
포기하지 말자

너무 힘들고 아프면 다 놔 버리고 싶은 마음이 드는 건 당연하다. 아무리 발버둥을 치며 노력해도 제자리인 것 같을 때, 최선을 다했는데 아무도 알아주지 않을 때, 열심히 기도하며 준비했는데 내가 생각했던 결과물이 나오지 않을 때 느끼는 절망감이란 말하지 않아도 모두가 잘 알 것이다. 이때 좌절감에서 확실히 빠져나오는 방법은 딱 하나다. 주님의 계획이 내 계획과 다르고, 내 계획대로 되지 않은 게 오히려 다행이라는 사실을 믿는 것이다.

나 역시 대학생 때 내가 세웠던 거창한 계획이 틀어진

적이 있었다. 원하던 대학에 조건적 합격을 하는 바람에, 첫 학기에 다른 학교에서 일정 학점을 유지하면 2학기부터 그 대학에 무조건 편입이 가능했다. 반드시 편입할 생각에 첫 학기 동안 굳이 친구를 만들지 않았고 오로지 학점 관리에만 몰두했다. 시간이 어떻게 지나갔는지 기억도 잘 나지 않는다. 기말고사가 끝나고 최종 학점이 나오는 날, 긴장은 되었지만 철저한 계획 아래 관리해 온 학점이라 나름 자신 있게 결과를 펼쳐 보았다.

'어? 이게 뭐지?'

딱 한 과목 마지막 과제에 생각지도 못한 점수를 받았다. 당연히 전체 학점이 떨어졌고, 편입 가능한 커트라인을 넘지 못했다. 오만 가지 생각이 들면서 약간의 패닉 상태로 숨이 조여 왔고 눈앞이 어두워졌다. 무슨 정신으로 교수님 오피스까지 찾아갔는지 모르겠지만, 도대체 왜 이런 점수를 주셨는지 알아야만 했다.

교수님의 설명을 듣고 보니, 정말 어이없는 실수를 했다. 미국 대학교에서는 모든 리서치 페이퍼에 자료의 출처를 반드시 기록해야 했는데, 내가 참고했던 자료 중에서 딱 하나를 빠뜨린 것이다. 지금껏 이런 실수를 한 번도 한 적이 없는 나에게 도무지 이해가 되지 않는 상황이었다. 누군가가 내가 과제를 제출하기 전에 몰래 지워 버렸다고 해도 말이 될 정도로 나답지 않은 실수였다. 교수님께 내 모든 상황을 설명했지만, 교수님은 그저 안타까워하시면서 미안하지만 해 줄 수 있는 게 없다고 말씀하셨다. 한 학기 동안 내가 오직 한 가지 목표를 위해 몰두한 시간들이 이 한순간으로 인해 아무 부질이 없어졌다.

결국 나는 편입을 하지 못했고, 그 학교에 남아 있게 되었다. 2학기는 최악이라고 해도 과언이 아니었다. 재미도 없었고 목표 의식이 사라지다 보니 결과적으로 학점도 그닥 좋지 않았다. 그렇게 방황을 하다가 이왕 이렇게 된 거 내가 진짜 해 보고 싶은 거나 해 보자는 생각이 들었고, 부모님이 절대 반대했던 패션 회사 인턴 자리에 몰래 이력서를 넣었다. 국제학을 공부하고 있던 내 전공과 전혀 다른 분야라 별 기대하지 않았지만 얼마 뒤, 인터뷰 초청을 받았고 합격 통지서를 받았다. 그렇게 대학교 2학년 때 내 대학 생활을 통째로 바꿔놓을 인턴십이 시작되었다.

처음에는 '주니어'라 서류 작업, 잔업, 정리 등의 작은 일이 주어졌는데도 너무 재미있었다. 빠르게 돌아가는 패션업계에서 신기하고 짜릿한 전율이 느껴졌다. 수업과 병행하는 게 결코 쉽지 않았지만 오히려 시간을 쪼개서 쓰게 되고, 일을 마치고 돌아오면 피곤하기보다 활력이 돌아 공부하는 데 별 무리가 없었다. 남들이 꺼려 하는 작업도 맡아서 했고, 늦게까지 혼자 남아 일하는 날도 있었다. 그렇게 몇 개월이 흘렀다. 인턴들 사이에서 내가 눈에 띄었는지, 어느 날 매니저가 나를 불러 뉴욕 패션위크에 다녀오라고 했다.

'내가?! 뉴욕 패션위크에?!'

태어나서 그렇게 큰 희열을 느낀 적은 처음이었다. 그냥 출장도 아닌 모든 인턴들이 꿈꾸는 패션위크라니! 그것도 패션 전공자도 아닌 나에게 말이다. 수업을 빠질 수 없었으니 금요일 마지막 수업을 마친 후 저녁 늦게 버스를 타고 갔다가 월요일 새벽 버스를 타고 돌아와야했다. 한창 젊음의 피가 끓을 때인데 그 정도는 무리라고 생각하지도 않았다. 이 기회를 절대 놓치고 싶지 않았다. 패션위크는 그야말로 내 상상을 초월하는 꿈 같은 세계였다. 화려함과 기이함, 그리고 우아함이 공존했고, 모두가 개성과 자신감이 넘쳤다. 자기 주장과 표현을 강력하게 해야 살아남는 곳인 만큼 에너지가 넘쳤고 치열했다. 멋진 모델들을 넋 놓고 쳐다보고 있던 시간도 잠시, 정신 똑바로 차리고 부지런히 선임을 따라다니며 이것저것 챙겼다. 출장을 성공적으로 마무리했고, 나는 그해 시니어 인턴으로 승진했다. 졸업 후 한국에 돌아오게 되면서 아쉬움을 뒤로

한 채 모두와 작별을 해야 했다. 하지만 이후에도 매니저와 계속 소통했고, 나에게 추천서도 써 주셨는데 아예 편집 가능한 문서로 주셔서 어디에든 활용할 수 있게 해 주셨다.

전공과 전혀 관련 없는 패션계에 발을 들여 놓게 되면서 나의 도전 정신과 추진력을 발견하게 되었다. 그리고 나는 틀에 박혀 있지 않을 때 가장 빛이 난다는 것도 깨닫게 되었다. 한국에 돌아와서 취직 준비를 할 때도 다채로운 경험들을 한 덕분에 면접에서 할 이야기도 많았다. 비록 그토록 원하던 편입을 하지는 못했지만, 주님이 늘 나를 지켜보시며 생각지도 못한 값진 경험들을 계획해 두신 거라고 생각한다. 그리고 앞으로 얼마나 더 놀라운 일들을 펼쳐 주실지 기대된다. 내가 할 일은 가장 좋은 시점에 가장 좋은 것들을 주시는 주님 곁에 조용히 머무는 것이다.

35
12월 27일

"자기야, 나 양수 터진 것 같아."

12월 26일 밤, 잠자리에 들려고 누웠는데 양수 터지는 소리와 함께 잠옷이 축축해지는 것을 느꼈다. 의사 선생님이 말씀해 주신 예정일보다 2주일이나 빨랐기 때문에 전혀 예상하지 못한 시나리오였다. 남편은 최대한 침착한 척 미리 준비해 둔 짐가방을 챙기기 시작했다. 나중에야 남편이 얘기해 줬는데, 사실 그 순간 머리가 하얘져서 어떻게 짐을 꾸리고 나왔는지도 기억이 안 나고 정신 차리고 보니 병원이었다고 했다.

나는 원래 몸 컨디션 때문에 자연 분만보다 제왕 절개를 염두에 두고 있었다. 유난히 힘들었던 임신 과정 때문에, 만삭이었을 때 이미 임신 전 몸무게보다 많이 빠져서 도무지 자연 분만을 할 자신이 없었다. 두 차례의 장기간 입원과 임신성 당뇨 그리고 혈전 치료까지 이미 몸이 너무 약해진 상태였다. 내 몸은 피폐해져 갔지만, 아가는 잘 자라고 있다는 사실 하나만을 붙잡고 겨우 버티며 지내고 있었다.

병원으로 향하는 길, 남편과 나는 차 안에서 아무 말도 하지 않았다. 고요한 긴장감 속에 둘의 숨소리밖에 들리지 않았다. 남편의 표정을 살피고자 고개를 돌렸는데 촉촉해진 자동차 핸들이 눈에 들어왔다. 남편은 긴장하면 손에 땀이 차는데, 그렇게 많이 젖은 건 처음 본 것 같다. 내 임신 과정을 누구보다 가까이서 지켜본 남편은 출산만큼은 수월하게 지나갔으면 좋겠다고 했다. 나 또한 첫째 아이 출산이 가장 힘들다는 얘기를 많이 들어서 진통이라도 길지 않게 해 달라고 간절히 기도하며 병원에 도착했다.

> '주님, 꾸꾸를 배 속에서 키우는 동안 몸도 마음도 힘들어서 정말 많이 울었는데 출산만큼은 빨리 지나가게 해 주세요. 보이지 않는 길이라 두렵지만, 아무 문제 없이 꾸꾸를 만나게 해 주세요.'

내 기도를 정확하게 들으신 주님 덕분에, 이 이후부터 마치 2배속 버튼을 누르신 것같이 모든 게 매우 빨리 진행되었다. 저녁 입원이라 무통 주사도 없이 진통을 겪었는데 두 시간 만에 꾸꾸의 울음소리가 분만실을 가득 채웠다. 나를 담당하고 있던 간호사들이 모두 하나같이 첫째가 이렇게 빨리 나온 건 처음이라며 놀라셨다. 아가가 빨리 나오게 해 달라는 기도를 바로 들어주신 것이다. 그렇게 12월 27일 새벽, 꾸꾸는 2.2kg 정도의 작은 몸을 가지고 태어났다. 이 정도면 인큐베이터에 들어가야 할 체격인데, 다행히 폐가 아주 건강해서 일반실에 들어갔다. 여리지만 뚜렷한 울음소리를 내며 이 세상으로 나온 아가를 내 가슴 위에 올려놓으니, 내 심장 소리가 익숙했는지 금세 차분해졌다. 내 존재 자체가 한 생명체에게 안정감을 줄 수 있다니 보이지 않는 슈퍼 파워가 생긴 기분이었다.

막상 아가가 태어나고 나니, 신기하게도 모든 게 생소하고 무거울 수 있는 '엄마'라는 타이틀이 별로 부담되지 않았다. 하나님께서 맡겨 주신 생명이라 하나님이 함께 키워 주실 거라는 믿음이 있었다. 임신 중에는 내가 과연 좋은 엄마가 될 수 있을지 걱정이 많았는데, 출산 과정을 다 겪고 나니 무엇이든 기도하며 해낼 수 있을 것 같은 기분이 든다. 이래서 대한민국 엄마들이 가장 용감하고 위대하다는 말이 나왔나 보다. 가 보지 않은 길이라 실수도 하고 무너지는 순간들이 있겠지만, 한 가지 분명한 건 주님이 예비하신 시간표 안에 있는 일이기에 언젠가 모든 게 이해되는 날이 온다는 것이다. 만약 다 이해하지 못하고 천국을 가게 되더라도, 오히려 잘됐다, 그때 가서 직접 여쭤

어볼 생각에 설렘이 가득하다.

> "주님, 제가 엄마라는 역할을 처음 맡아 보는데, 잘해 낼 수 있도록 가까이서 지켜봐 주세요. 아가에게 주님의 사랑과 은혜를 가르쳐 줄 수 있게 매일 새 힘을 허락해 주세요."

요즘 내가 매일 아침 반복하는 기도인데, 아가가 통잠을 자고 일어난 날은 성령 충만함으로 평안이 가득한 기도가 나오고 아닌 날은 이를 악물고 겨우 한다. 어찌 됐든 아이를 통해 나로 하여금 매일 기도하게 만드시는 것도 하나의 훈련이라는 생각이 든다. 아이가 클수록 나 또한 내면이 더 단단한 기도의 용사이자 엄마가 되고 싶은 마음에 매일 무릎을 꿇고 있다.

36
Jesus loves me this I know

내가 아이를 낳고 육아를 하면서 가장 많이 하는 행동은 온갖 소리를 내어 들려주거나 노래를 불러 주는 거다. 꾸꾸는 내가 다양한 소리로 달래 줄 때 가장 반응이 좋다. 너무 피곤한 날에는 가사조차 생각나지 않을 때도 있지만, 아가들에게 소리와 발음이 다른 단어들을 최대한 다양하게 들려주는 게 좋다고 해서 웬만하면 가사를 넣어 불러 주고 있다. 꾸꾸에게 평안함과 사랑이 전해졌으면 하는 마음에 유아 찬송가와 밝은 찬송가들 위주로 부르게 되는데, 유아 찬송가는 아무래도 가사가 조금 단순하고 반복되는 편이다. 여느 오후 때처럼 수유를 하고 재우려고 품에 안은 채 노래를 불러 주는데, 늘 불러 주던 찬송가였음에도 그때는 나도 모르게 가사에 집중하게 됐다.

> Jesus loves me this I know
>
> For the Bible tells me so
>
> Little ones to Him belongs
>
> They are weak but He is strong
>
> Yes Jesus loves me
>
> Yes Jesus loves me
>
> Yes Jesus loves me
>
> The Bible tells me so

한 번 부르고 두 번 부르는데, 나도 모르게 울고 있는 나를 발견했다. 후렴에서 세 번이나 반복되는 "예수님은 날 사랑하신다. 예수님은 날 사랑하신다. 예수님은 날 사랑하신다" 하는 부분에서 울컥했다. 분명 꾸꾸 들으라고 부르고 있었는데 하나님이 나 들으라고 가까이서 속삭이시는 것 같았다. 차오르던 눈물이 흘러나올 정도로 너무나도 진하고 깊게 와닿았다. 내가 내 아이를 사랑하는 것처럼 나를 사랑하시는 하나님이 늘 내 곁에 계신다는 건 당연하면서도 너무나 벅찬 사실이다. 매일 새로운 모습을 보여 주며 커 가는 꾸꾸를 키우면서 재밌을 때도 있고 어려울 때도 있지만, 꾸꾸를 통해서 주님이 가르쳐 주시려는 것들이 많음을 느낀다. 가끔 내가 어떻게 엄마가 됐는지 놀라울 정도로 모르는 게 많아 낙심하곤 하는데, 이렇게 특별한 순간들을 위해 이런 고생을 하나 싶다.

꾸꾸 덕분에 무심코 부르던 찬송가들이 더 소중하고 의미 있어졌다. 그리고 주님이 왜 우리가 드리는 경배와 찬양을 그렇게 기뻐하시는지도 조금 알 것 같다. 찬양은 우리가 주님의 사랑을 느끼고 주님께 더욱 가까이 다가갈 수 있도록 도와주기에 신앙생활에 꼭 필요하다. 이런 경험을 한 번 하고 나니, 앞으로도 하나님께서 꾸꾸를 통해 또 어떤 것들을 보여 주실지 기대가 된다. 바로 이런 게 인생을 살아가는 맛이 아닐까 싶다.

37
수육 한 접시

수육은 간단해 보일 수 있지만 꽤 어려운 요리다. 고기의 잡내를 없애 줄 재료를 넣고 삶기만 하면 되는 것 같지만, 육즙을 촉촉하게 유지하면서 담백하게 찌기가 그리 쉽지 않다. 탱글탱글하고 쫄깃한 식감을 위해 고기가 가장 맛있어지는 황금 타이밍을 지켜야 하고, 매콤 시원한 김치와 잘 어울릴 정도의 적당한 간도 있어야 한다. 고기를 별로 좋아하지 않던 내가 임신 중에 자주 찾았던 음식 가운데 하나였는데, 육아를 시작하면서는 직접 해 먹기가 어려워졌다. 아이를 키우느라 체력이 딸려서 살이 잘 붙지 않는 내 모습을 본 엄마는 어느 날 수육 한 접시를 가지고 찾아오셨다.

"입에 맞을지 모르겠는데…. 니 동생도 줬는데 엄청 맛있다고 다 먹더라. 니 입맛에도 맞아야 할 텐데…. 간도 거의 안 하고, 아침에 바로 했어."

엄마는 따듯한 수육이 가득 담긴 통을 건네주면서 내 반응을 살피셨다. 혹시나 내가 좋아하지 않을까 봐 긴장을 하신 것 같았다. (최근 들어 엄마가 가까이서 나를 자주 관찰하시는 걸 느끼고 있다.) 예전의 엄마에게서 찾아볼 수 없는 모습이다. 한입 베어 물고 맛있다고 끄덕이는 내 모습을 보시고 나서야 안심이 되셨는지 얼굴이 밝아지셨다. 수육 마니아가 된 이후로 여러 곳에서 사 먹어 보고 직접 만들어 먹어도 봤지만, 엄마의 수육은 정말 맛있었다. 내가 찾던 완벽한 식감이라 정말 신기했다. 더 놀라운 건, 씹으면 씹을수록 고소한 향이 가득 올라오는 부드러운 삼겹살 결이 단순히 맛있는 고기로만 느껴지지 않았다. 재료와 맛에서 우러나오는 엄마의 작은 두드림이 들렸다. 아침부터 분주하게 부엌 불 앞에서 무슨 생각을 하며 고기가 삶아지기를 기다리셨을까. 엄마가 가신 후 소리 없이 한 통을 다 비우고서 엄마에게 잘 먹었다고 감사 인사를 보냈는데, 얼마 지나지 않아 답장이 왔다.

"수육 자신감 뿜뿜! 완전 좋아! 그 정도는 맨날 해 줄게!"

엄마의 순수하고 소녀 같은 반응에 웃음이 났다. 이런 밝고 솔직한 모습이 바로 엄마의 장점이자 매력이다. 사실, 같은 여자지만 엄마와 나는 감정을 표현하는 방법이 달라 종종 서로를 오해하는 경우가 많았다. 오랫동안 엄마는 엄마의 시선으로 나를 바라보았고, 나는 내 시선으로 엄마를 바라보았다. 즉, 엄마는 엄마가 원하는 딸의 모습을 기대하며 나를 대했고, 나는 내가 원하는 엄마의 모습을 바라며 지내 왔다. 이런 식으로 관계가 형성됐으니, 상대방이 내 기대에 부응하지 못했을 때 이해하기 어려웠을 뿐만 아니라 실망감이 클 수밖에 없었다. 그동안 나는 엄마와 성향이 달라서 어렵다는 핑계를 대면서 말씀 따라 순종하지 않았기 때문에 엄마의 마음의 소리를 듣지 못했다. 우리가 하나님의 시선에서 서로를 바라본다면, 그저 서로의 사랑과 관심이 필요한 소중하고 여린 영혼들로 보일 텐데 말이다.

그런데 요즘, 엄마와 나는 마치 약속한 듯이 하나님의 시선으로 서로를 바라보기 시작한 것 같다. 서로 말없이 각자의 자리에서 말씀 안에 발을 담그고 있는지, 만날 때마다 조금씩 변화하고 있는 게 보인다. 주님의 형상을 닮아 서로가 있는 그대로의 모습을 받아들이니, 엄마는 나를 녹이는 세심함이 생겼고 나는 엄마에게 다가갈 용기가 생겼다. 덕분에 자라면서 크고 작은 에피소드들로 인해 복잡하게 엉켜 있던 우리의 관계가 천천히 풀리고 있다. 엄마가 집에 오셨다 가시고 나서 혼자 식탁에 앉아 있을 때면 남은 공기 속에서 엄마의 사랑이 잔잔하게 느껴지기도 한다. 나를 조용히 다독여 주는 따듯하고 포근한 봄 햇살 같아, 잠시 눈을 감으면 나도 모르게 평안한 한숨이 나온다. '진작에 이렇게 지냈으면 좋았을 텐데' 하며 지나온 시간들이 아쉽거나 아깝지는 않다. 어둡고 힘든 날들이 있었기 때문에 주님 안에서 거듭났을 때 비로소 함께 아름다워지는 것을 경험할 수 있으니 말이다.

주님 없이는 온전하지 못한 우리가 주님 앞에 겸손히 엎드려 순종하면서 눈물 어린 기도를 하는 시간을 보냈을 때, 비로소 우리의 자아는 무너지고 주님의 사랑으로 채워진다. 그 사랑이 소중한 사람들에게 흘러 들어가며 모두가 함께 회복되는 것이 하나님의 은혜이자 복음대로 살아가는 삶인 것 같다. 그리고 이렇게 주님께서 이 땅에 사는 동안 엄마와 나를 붙여 주신 이유를 하나씩 깨달아 가는 여정이 바로 인생이 맛이 아닐까 싶다. 지금은 보이지 않아도 앞으로 펼쳐질 우리의 찬란한 순간들이 기다려진다.

엄마, 함께 나아가요. 사랑해요.

38
꾸꾸의 100일

추운 겨울이 지나가고 어느덧 따듯해진 봄날, 태어난 지 100일이 된 꾸꾸를 축복해 주러 양가 어른들이 모이게 되었다. 모두가 모인 만큼 감사 인사를 전하고 싶어 쓰게 된 편지를 나중에 꾸꾸에게도 보여 주고 싶어 이곳에 남긴다.

안녕하세요!

꾸꾸의 100일 잔치에 와 주셔서 감사합니다. 꾸꾸를 임신하고서 양가에 알린 날이 얼마 안 된 것 같은데, 벌써 태어난 지 100일이나 지났네요. 아직 뽀송하고 작은 병아리 같지만, 모두의 기도 속에서 쑥쑥 잘 크고 있어 감사할 뿐이에요. 모두 아시다시피 제 임신 과정이 순탄하지만은 않았으나, 작게 태어나 크게 키운다는 말에 딱 맞게 매일 달라지는 꾸꾸를 보면 신기해요.

꾸꾸가 외할아버지의 우직함, 친할아버지의 성실함, 외할머니의 밝음, 친할머니의 긍휼함, 그리고 삼촌의 온유함을 닮은 것 같아요. 때로는 당차고 때로는 부드러운 꾸꾸의 표정을 보면 모두의 모습이 여기저기 흩어져 있어요. 앞으로 어떤 아름다운 소망 덩어리로 커 나갈지 설레고 그 과정을 지켜볼 수 있다는 사실이 감사해요.

엄마의 작은 배 속에서 힘차게 꿀렁거리며 세상 밖으로 나와 쑥쑥 커 가고 있는 꾸꾸야, 예쁘고 건강하게 자라 줘서 고맙고, 100일 된 거 축하해!

그리고 꾸꾸가 저희 가정의 축복이자 기쁨이 되기까지 남편의 역할도 너무 컸어요. 임신 과정과 중간에 몇 차례에 걸친 입원, 그리고 출산 후 육아까지 모든 순간에 함께해 주고 있어 큰 힘이 돼요. 이 자리를 빌려 최고의 아빠이자 남편에게도 박수를 보내고 싶어요.

꾸꾸가 태어나기 전까지 저희를 키워 주신 양가 부모님께도 감사의 인사를 드리며 늘 꾸꾸를 위해 기도해 주시고 사랑으로 보듬어 주셔서 든든해요.

마지막으로 저희 셋만의 작은 천국을 허락해 주신 주님께 감사의 기도를 드려요. 지혜롭고 보배로운 주님의 딸을 이 땅에 사는 동안 저희에게 맡겨 주셨으니 최선을 다할게요.

언젠가 이 책을 보게 될 꾸꾸가 나와 남편이 꾸꾸를 얼마나 사랑하는지, 그리고 정말 든든하고 멋진 가족들이 꾸꾸가 커 가는 모습을 지켜보며 기도해 주고 있다는 사실을 꼭 알려 주고 싶다. 이 책을 읽을 때면 꾸꾸도 주님이 예비하신 길을 걷고 있을 텐데, 힘들 때마다 쉬었다 갈 수 있는 그늘이 여럿 있다는 것과 태어나기 전부터 꾸꾸를 지켜 주고 계시는 하나님께 모든 걸 맡기면 된다는 것을 잊지 않았으면 좋겠다. 지금은 보이지 않아도 걱정할 필요 없다. 결국에 모든 것을 합력하여 선을 이루시는 주님께서 다 책임져 주실 것이기 때문이다.

Epilogue
에필로그

이 책의 출간을 앞두고 편집 작업을 진행하던 중에 꾸꾸가 태어났다. 출산 과정 또한 기똥차게 다이나믹했기에 주님의 보살핌 속에 내가 있지 않았다면 지금 어떻게 됐을까 싶다. 양수가 갑자기 터져 예정보다 병원에 빨리 입원했고, 무통 주사 없이 입원한 지 두 시간 만에 자연 분만으로 꾸꾸를 만나게 되었다. 출산의 고통은 시간이 지나면 잊힌다는데, 나는 절대 잊을 수 없을 것 같다. 그래도 아팠던 만큼 작고 여린 아가가 내 품에 들어온 순간을 떠올리면 마음이 뭉클해진다. 아직 손발이 작아 고운 조약돌 같지만, 많은 사람들의 기도 속에서 하루가 다르게 크는 모습을 지켜볼 수 있다는 건 정말 큰 복이다.

꾸꾸가 매일 커 가는 모습을 보며 주님이 왜 그렇게 아이들을 예뻐하시고 귀중하게 여기셨는지 알 것 같다. 아무런 때가 묻지 않은 새하얀 순수함 덩어리가 새근새근 자고 있는 모습을 지켜보고 있으면, 온 세상이 깨끗하고 평화롭게 느껴진다. 주님의 은혜 없이는 온전히 살아갈 수 없는 이 세상에 별처럼 떨어진 꾸꾸에게 남편과 함께 최선을 다해서 올바른 신앙을 물려주고 싶다. 주님은 꾸꾸를 통해 나와 남편의 신앙생활도 돌아보게 하시는 것 같다. 여러 가지 방법으로 우리부터 매일 말씀 앞에 엎드려 순종하는 연습을 시키시고 있기 때문이다.

지금은 아이를 키우는 데 있어서 앞서 걱정했던 부분들은 전혀 생각나지 않을 정도로 정신없는 나날을 보내고 있다. 한 아이의 보호자가 된다는 것은 그 어떤 대표의 자리보다 막중한 책임감과 헌신이 필요한 것 같다. 내 시간과 체력을 온전히 아가를 위해 쓰는 건 결코 쉬운 일이 아니기에 포기하고 싶다가도, 아이가 한번 웃어 주면 피로가 말끔히 사라지는 신기한 일들을 매일 경험하고 있다.

꾸꾸를 통해 주님이 보여 주실 나의 삶이 기대된다. 둘이 아닌 셋이서 이 땅에 작은 천국을 이루어 나가는 시간들 가운데 주님 안에서 끊임없이 거듭날 내 모습도 궁금해진다. 지금은 보이지 않아도 모든 걸 예비하신 주님만 바라보고 한 걸음씩 묵묵히 걸어갈 수 있기를 간절히 원한다.